NAJBOLJŠA MAROŠKA KUHARSKA KNJIGA

Raziskovanje hrane brezčasnega kuharja s 100 sodobnimi recepti

PRIMOŽ PETEK

Avtorski material ©2024

Vse pravice pridržane

Nobenega dela te knjige ni dovoljeno uporabljati ali prenašati v kakršni koli obliki ali na kakršen koli način brez ustreznega pisnega soglasja založnika in lastnika avtorskih pravic, razen kratkih navedkov, uporabljenih v recenziji. Ta knjiga se ne sme obravnavati kot nadomestilo za zdravniški, pravni ali drug strokovni nasvet.

KAZALO

KAZALO 3
UVOD 6
ZAJTRK IN MALICA 7
   1. Maroške palačinke (Baghrir) 8
   2. Maroška omleta s klobaso Merguez 10
   3. Maroški Khobz 12
   4. Maroški metin čaj 15
   5. Maroška Shakshuka 17
   6. Maroška špinača in feta omleta 19
   7. Maroški Chicharrónes Con Huevo 21
   8. Maroški zajtrk soufflé 23
   9. Fritata s slanino, rdečo papriko in mocarelo 25
   10. Maroški francoski toast 27
   11. Naložena maroška polenta 29
   12. Zajtrk Bulgur s hruškami in orehi orehi 31
   13. Mafini z otrobi za zajtrk 33
   14. Maroški zavitek za zajtrk 35
   15. Maroški hašiš z dvema krompirjema 37
   16. Maroški jajčni mafini 39
   17. Skleda grške boginje 41
   18. Ovsena kaša s pinjolami 43
   19. Špinača in jajčna pena 45
   20. Feta in paradižnikova mešanica 47
   21. Tartine iz češnje in rikote 49
   22. Omleta s paradižnikom in feto 51
   23. Grški jogurt z medom in oreščki 53
   24. Maroška skleda za zajtrk 55
   25. Maroška začinjena kava 57
   26. Maroška avokado in paradižnikova solata 59
   27. Maroške Msemen (kvadratne palačinke) 61
PRIGRIZKI IN PREDJEDI 63
   28. Maroški humus s Harisso 64
   29. Maroški polnjeni datlji 66
   30. Maroška špinača in feta briouats 68
   31. Maroška klobasa Merguez 70
   32. Maroški jetrni kebab 72
   33. Maroški zelenjavni burgerji z jamom 74
   34. Polnjeni paradižniki 77
   35. Labneh z olivnim oljem in za'atarjem 79
   36. Ocvrti iz slane polenovke z aiolijem 81

37. KROKETI S KOZICAMI 83
38. HRUSTLJAVI OCVRTKI S KOZICAMI 85
39. KALAMARI Z ROŽMARINOM IN ČILIJEVIM OLJEM 87
40. TORTELINI SOLATA 89
41. SOLATA S TESTENINAMI CAPRESE 91
42. BALZAMIČNI TOAST 93
43. KROGLICE ZA PICO 95
44. UGRIZI POKROVAČE IN PRŠUTA 97
45. JAJČEVCI Z MEDOM 99
46. PEČENA RDEČA PAPRIKA IN FETA DIP 101
47. ŠPANSKO -MAROŠKI GOVEJI RAŽNJIČI 103
48. MAROŠKI AVOKADOV HUMUS 105
49. MAROŠKI TOAST S PARADIŽNIKOM 107
50. HRUSTLJAVA ITALIJANSKA MEŠANICA POKOVKE 109
51. RDEČA PAPRIKA IN FETA DIP 111
52. MAROŠKI HUMUS DIP 113
53. FETA IN OLJČNA TAPENADA 115
54. MAROŠKI POLNJENI GROZDNI LISTI 117

GLAVNA JED 119
55. MAROŠKA PIŠČANČJA PEČENKA 120
56. TAGINE IZ MAROŠKE ČIČERIKE 123
57. MAROŠKA ENOLONČNICA IZ ČIČERIKE 126
58. ČIČERIKINE SKLEDE Z MAROŠKIMI ZAČIMBAMI 128
59. MAROŠKO DUŠENA JAGNJEČJA PLEČA Z MARELICAMI 131
60. BURGERJI IZ MAROŠKE JAGNJETINE IN HARISE 134
61. PEKA Z RIŽEM IN ČIČERIKO V MAROŠKEM SLOGU 136
62. MAROŠKE SKLEDE Z LOSOSOM IN PROSOM 138
63. FIŽOLOVA IN MESNA ENOLONČNICA 141
64. ČILI IZ MAROŠKE JAGNJETINE 143
65. FIŽOLOV PIRE - BISSARA 145
66. TAGINE IZ JAGNJETINE IN HRUŠK 147
67. JUHA IZ MARAKEŠKEGA RIŽA IN LEČE 149
68. GOSTA JUHA IZ ČIČERIKE IN MESA / HAREERA 151
69. MAROŠKA SKLEDA IZ KVINOJE 153
70. PIŠČANEC MARSALA 155
71. MAROŠKI ZELENJAVNI ZAVITEK 157
72. ČESEN CHEDDAR PIŠČANEC 159
73. KOZICA S PESTO SMETANOVO OMAKO 161
74. ŠPANSKI RATATOUILLE 163
75. KOZICE S KOROMAČEM 165
76. PEČEN MAROŠKI LOSOS 167
77. JUHA IZ BELEGA FIŽOLA 169
78. S KOZICA GAMBAS 171
79. PIŠČANEC Z LIMONINIMI ZELIŠČI NA ŽARU 173

80. Testenine s paradižnikom in baziliko 175
81. Pečen losos z maroško salso 177
82. Enolončnica iz čičerike in špinače 179
83. Nabodala s kozicami iz limone in česna 181
84. Skleda za solato iz kvinoje 183
85. Enolončnica iz jajčevcev in čičerike 185
86. Pečena trska z limoninimi zelišči 187
87. Maroška solata iz leče 189
88. Polnjene paprike s špinačo in feto 191
89. Solata s kozicami in avokadom 193
90. Italijanska pečena piščančja bedra 195
91. S kvinojo polnjene paprike 197

SLADICA 199
92. Maroška torta s pomarančami in kardamomom 200
93. Maroški pomarančni sorbet 202
94. Torta z marelicami in mandlji 204
95. Maroške pečene breskve 206
96. Piškoti z olivnim oljem in limono 208
97. Maroška sadna solata 210
98. maroški Medeni puding _ _ 212
99. Mandljeva in pomarančna torta brez moke 214
100. Torta iz pomaranč in olivnega olja 216

ZAKLJUČEK 218

UVOD

Marhaban! Dobrodošli v "Najboljša maroška kuharska knjiga", ki je vaša vrata za raziskovanje brezčasnega in očarljivega sveta maroške kuhinje s 100 sodobnimi recepti. Ta kuharska knjiga je praznovanje bogate tapiserije okusov, aromatičnih začimb in kulinaričnih tradicij, ki opredeljujejo maroško kuhinjo. Pridružite se nam na gastronomskem potovanju, ki bo v vašo kuhinjo prineslo privlačnost Maroka in združilo tradicijo s sodobnim pridihom.

Predstavljajte si mizo, okrašeno z dišečimi tagini, živahnimi jedmi iz kuskusa in dekadentnim pecivom – vse to navdihujejo raznolike pokrajine in kulturni vplivi Maroka. "Najboljša maroška kuharska knjiga" ni le zbirka receptov; gre za raziskovanje sestavin, tehnik in zgodb, zaradi katerih je maroška kuhinja simfonija okusov. Ne glede na to, ali imate maroške korenine ali preprosto cenite drzne in aromatične okuse severne Afrike, so ti recepti oblikovani tako, da vas vodijo skozi zapletenost maroške kuhinje.

Od klasičnih taginov, kot je jagnjetina z marelicami, do sodobnih preobratov kuskusa in izvirnega peciva, vsak recept je praznovanje svežine, začimb in gostoljubnosti, ki opredeljujejo maroške jedi. Ne glede na to, ali gostite praznično srečanje ali uživate v prijetnem družinskem obroku, je ta kuharska knjiga vaš vir, s katerim lahko na svojo mizo prenesete pristen okus Maroka.

Pridružite se nam, ko bomo prečkali kulinarične pokrajine od Marakeša do Chefchaouena, kjer je vsaka kreacija dokaz živahnih in raznolikih okusov, zaradi katerih je maroška kuhinja cenjena kulinarična tradicija. Torej, nadenite si predpasnik, sprejmite duh maroške gostoljubnosti in se podajte na prijetno potovanje skozi "Najboljša maroška kuharska knjiga".

ZAJTRK IN MALICA

1. Maroške palačinke (Baghrir)

SESTAVINE:
- 1 skodelica zdroba
- 1/2 skodelice večnamenske moke
- 1 čajna žlička aktivnega suhega kvasa
- 1 čajna žlička sladkorja
- 1/2 čajne žličke soli
- 1 1/2 skodelice tople vode
- 1 čajna žlička pecilnega praška

NAVODILA:
a) V mešalniku zmešajte zdrob, moko, kvas, sladkor in sol s toplo vodo do gladkega. Pustimo počivati 30 minut.
b) Masi dodajte pecilni prašek in mešajte še nekaj sekund.
c) Na zmernem ognju segrejte ponev proti prijemanju.
d) Na ponev vlijemo majhne kroge testa. Kuhajte, dokler se na površini ne naredijo mehurčki.
e) Obrnemo in na kratko popečemo še na drugi strani.
f) Ponavljajte, dokler ne porabite vsega testa.
g) Palačinke postrezite z medom ali marmelado.
h) Uživajte v maroškem zajtrku!

2. Maroška omleta s klobaso Merguez

SESTAVINE:
- 4 jajca, pretepena
- 1/2 skodelice kuhane in narezane merguez klobase (ali katere koli začinjene klobase)
- 1/4 skodelice narezanega paradižnika
- 1/4 skodelice sesekljane čebule
- 1/4 skodelice sesekljanega svežega cilantra
- Sol in poper po okusu
- Oljčno olje za kuhanje

NAVODILA:
a) V ponvi na srednjem ognju segrejte olivno olje.
b) Čebulo prepražimo do mehkega, nato dodamo na kocke narezan paradižnik in na kratko pokuhamo.
c) Dodajte narezano merguez klobaso in kuhajte, dokler ne porjavi.
d) V skledi stepemo jajca in jih začinimo s soljo in poprom.
e) S stepenimi jajci prelijemo klobaso in zelenjavo v ponvi.
f) Po vrhu potresemo sesekljan cilantro.
g) Kuhajte, dokler se jajca ne strdijo, omleto prepognite na pol.
h) Postrezite vroče in uživajte v okusni maroški omleti.

3.Maroški Khobz

SESTAVINE:
- 4 skodelice večnamenske moke
- 2 žlički soli
- 2 žlički sladkorja
- 1 žlica aktivnega suhega kvasa
- 1 1/2 skodelice tople vode

NAVODILA:
a) V majhni skledi zmešajte toplo vodo, sladkor in aktivni suhi kvas. Premešajte in pustite stati približno 5-10 minut ali dokler ne postane penasta. To pomeni, da je kvas aktiven.
b) V veliki skledi za mešanje zmešajte moko in sol.
c) V sredino mešanice moke naredimo jamico in vanjo vlijemo aktiviran kvas.
d) Začnite mešati sestavine, da dobite lepljivo testo.
e) Testo zvrnemo na rahlo pomokano površino.
f) Testo gnetemo približno 10-15 minut, dokler ni gladko in elastično. Morda boste morali dodati malo več moke, da preprečite prijemanje, vendar naj bo testo rahlo lepljivo.
g) Testo damo nazaj v posodo za mešanje, pokrijemo s čisto kuhinjsko krpo in pustimo vzhajati na toplem brez prepiha približno 1 uro oziroma dokler se ne podvoji.
h) Po prvem vzhajanju testo preluknjajte, da odstranite zračne mehurčke.
i) Testo razdelite na 6-8 enakih delov, odvisno od želene velikosti vašega khobza.
j) Vsak del razvaljajte v kroglico in jo nato sploščite v okrogel disk, debel približno 1/4 palca. Velikost mora biti podobna majhnemu jedilnemu krožniku.
k) Oblikovan khobz položite na s pergamentom obložen pekač.
l) Pokrijemo jih s čisto kuhinjsko krpo in pustimo vzhajati še 30-45 minut.
m) Pečico segrejte na 220 °C (430 °F).
n) Tik pred peko lahko po želji s konicami prstov naredite majhne vdolbine v khobz.
o) Pekač postavimo v ogreto pečico.
p) Pečemo približno 15-20 minut ali dokler khobz rahlo ne porjavi in dobi rahlo skorjico.
q) Maroški Khobz postrezite topel. Popoln je za zajemanje maroških enoločnic, taginov ali za pripravo sendvičev.

4. Maroški metin čaj

SESTAVINE:
- 2 žlici kitajski zeleni čaj
- 5 skodelic Vrele vode
- 1 šopek sveže oprane mete
- 1 skodelica sladkor

NAVODILA:
a) Postavite čaj v čajnik. Zalijemo z vrelo vodo.
b) Pustite 3 minute.
c) Dodajte meto v lonec.
d) Pustite 4 minute. Dodajte sladkor.
e) Postrezite.

5. Maroška Shakshuka

SESTAVINE:
- 1 žlica oljčnega olja
- 1 čebula, drobno sesekljana
- 1 rdeča paprika, sesekljana
- 1 pločevinka (14 unč) zdrobljenega paradižnika
- 4 velika jajca

NAVODILA:
a) V ponvi na srednjem ognju segrejte olivno olje. Dodamo sesekljano čebulo in rdečo papriko, pražimo, dokler se ne zmehčata.
b) V ponev dodamo zdrobljen paradižnik in dušimo 10 minut.
c) V paradižnikovi mešanici naredite jamice in vanje razbijte jajca.
d) Pokrijte in kuhajte, dokler jajca ne dosežejo želene pečenosti.
e) Postrezite Shakshuko in uživajte s svojim najljubšim hrustljavim kruhom.

6.Maroška špinača in feta omleta

SESTAVINE:
- 2 veliki jajci
- 1 žlica oljčnega olja
- ¼ skodelice feta sira, zdrobljenega
- Pest špinačnih listov
- Sol in poper po okusu

NAVODILA:
a) V skledi stepemo jajca in jih začinimo s soljo in poprom.
b) V ponvi proti prijemanju na srednjem ognju segrejte olivno olje.
c) Dodamo špinačo in kuhamo, dokler ne oveni.
d) Razžvrkljana jajca prelijemo po zelenjavi in pustimo, da se za trenutek strdi.
e) Na eno polovico omlete potresemo feta sir, drugo polovico pa prepognemo čez.
f) Kuhajte, dokler se jajca popolnoma ne strdijo.

7. Maroški Chicharrónes Con Huevo

SESTAVINE:
- 1 skodelica svinjskih chicharrónes (ocvrte svinjske kože), zdrobljena
- 4 velika jajca
- ½ skodelice narezanega paradižnika
- ¼ skodelice narezane rdeče čebule
- 2 žlici oljčnega olja

NAVODILA:
a) V skledi stepemo jajca in jih začinimo s soljo in poprom.
b) V ponvi na srednjem ognju segrejte olivno olje.
c) V ponev dodajte na kocke narezan paradižnik, narezano rdečo čebulo in na kocke narezan jalapeño. Pražimo, dokler se zelenjava ne zmehča.
d) Stepena jajca vlijemo v ponev in nežno premešamo, da se povežejo z zelenjavo.
e) Ko se jajca začnejo strjevati, dodajte zdrobljene chicharrónes v ponev in še naprej mešajte, dokler jajca niso kuhana.
f) Postrezite vroče, potreseno s sesekljanim svežim cilantrom in z rezinami limete ob strani.

8. Maroški zajtrk soufflé

SESTAVINE:
- 6 velikih jajc, ločenih
- ½ skodelice feta sira, zdrobljenega
- ¼ skodelice črnih oliv, narezanih
- ¼ skodelice narezanih na soncu posušenih paradižnikov
- ¼ skodelice sveže bazilike, sesekljane

NAVODILA:
a) Pečico segrejte na 375 °F (190 °C).
b) V veliki skledi stepamo rumenjake, dokler se dobro ne premešajo.
c) V ločeni skledi stepemo beljake v trd sneg.
d) Stepenim rumenjakom nežno vmešamo feta sir, narezane črne olive, narezane posušene paradižnike in svežo baziliko.
e) Previdno vmešajte stepene beljake, dokler se le ne povežejo.
f) Začinimo s soljo in poprom po okusu.
g) Pekač namastimo in vanj vlijemo zmes.
h) Pečemo 25-30 minut oziroma dokler sufle ni napihnjen in zlato rjav.
i) Odstranite iz pečice in pustite, da se ohladi, preden postrežete.

9. Fritata s slanino, rdečo papriko in mocarelo

SESTAVINE:
- 7 rezin slanine
- 1 žlica olivnega olja
- 4 velika jajca
- 4 unče svežega sira Mozzarella, narezanega na kocke
- 1 srednja rdeča paprika

NAVODILA:
a) Pečico segrejte na 350°F.
b) V vročo ponev dodamo 1 žlico olivnega olja in 7 rezin slanine popečemo do rjave barve.
c) V ponev dodamo sesekljano rdečo papriko in dobro premešamo.
d) V skledi stepite 4 velika jajca, dodajte 4 unče na kocke narezane sveže mocarele in dobro premešajte.
e) Dodajte mešanico jajc in sira v ponev, tako da zagotovite enakomerno porazdelitev.
f) Kuhajte, dokler se jajca ne začnejo strjevati po robovih.
g) Na vrh fritate naribajte 2 unč kozjega sira.
h) Pekač prestavimo v pečico in pečemo 6-8 minut pri 350°F, nato pečemo še dodatnih 4-6 minut, dokler vrh ne postane zlato rjav.
i) Vzamemo iz pečice in pustimo kratek čas počivati.
j) Fritato previdno vzamemo iz ponve, okrasimo s svežim sesekljanim peteršiljem in pred serviranjem narežemo.

10. Maroški francoski toast

SESTAVINE:
- 8 rezin vašega najljubšega kruha
- 4 velika jajca
- 1 skodelica mleka
- 1 čajna žlička vanilijevega ekstrakta
- ½ skodelice mešanega jagodičevja (jagode, borovnice, maline)

NAVODILA:
a) V plitvi posodi zmešajte jajca, mleko in vanilijev ekstrakt.
b) Segrejte rešetko ali ponev proti prijemanju in dodajte maslo ali olivno olje.
c) Vsako rezino kruha pomočite v jajčno zmes in premažite obe strani.
d) Kruh spečemo na rešetki do zlato rjave barve na vsaki strani (približno 3-4 minute na stran).
e) Postrezite francoski toast, prelit z mešanimi jagodami.

11. Naložena maroška polenta

SESTAVINE:
- 1 skodelica polente
- 4 skodelice zelenjavne juhe
- 2 žlici oljčnega olja
- 1 pločevinka (400 g) na kocke narezanega paradižnika, odcejenega
- 1 skodelica narezanih srčkov artičok

NAVODILA:

a) V srednje veliki kozici zavrite zelenjavno juho. Med stalnim mešanjem stepamo polento, da postane kremasta.

b) V ločeni ponvi na srednjem ognju segrejte olivno olje. Pražite na drobno narezano čebulo, da postekleni.

c) V ponev dodajte sesekljan česen in pražite še 1-2 minuti.

d) Primešamo odcejene paradižnike, narezane na kocke, sesekljane srčke artičok ter začinimo s soljo in poprom. Kuhajte 5-7 minut, dokler se ne segreje.

e) Maroško zelenjavno mešanico prelijemo čez polento in nežno premešamo, da se poveže.

12.Zajtrk Bulgur s hruškami in orehi orehi

SESTAVINE:
- 2 skodelici vode
- 1/2 čajne žličke soli
- 1 skodelica srednje velikega bulgurja
- 1 žlica veganske margarine
- 2 zreli hruški, olupljeni, strženi in narezani
- 1/4 skodelice sesekljanih pekanov

NAVODILA:
a) V veliki kozici na močnem ognju zavrite vodo.
b) Dodamo sol in vmešamo bulgur. Zmanjšajte toploto na nizko, pokrijte in dušite, dokler se bulgur ne zmehča in tekočina ne vpije približno 15 minut.
c) Odstranite z ognja in vmešajte margarino, hruške in pekan orehe.
d) Pokrijte in pustite stati še 12 do 15 minut, preden postrežete.

13. Mafini z otrobi za zajtrk

SESTAVINE:
- 2 skodelici žitnih kosmičev
- 1 1/2 skodelice večnamenske moke
- 1/2 skodelice rozin
- 1/3 skodelice sladkorja
- 3/4 skodelice svežega pomarančnega soka

NAVODILA:
a) Pečico segrejte na 400°F.
b) Pekač za mafine z 12 skodelicami rahlo naoljite ali obložite s papirnatimi podlogami.
c) V veliki skledi zmešajte kosmiče otrobov, moko, rozine, sladkor in sol.
d) V srednje veliki skledi zmešajte svež pomarančni sok in olje.
e) Mokre sestavine vlijemo v suhe sestavine in mešamo, dokler niso ravno navlažene.
f) Maso z žlico vlijemo v pripravljen pekač za mafine, tako da skodelice napolnimo do približno dveh tretjin.
g) Pecite, dokler ni zlato rjave barve in zobotrebec, ki ga zapičite v mafin, ne izstopi čist, približno 20 minut.
h) Mafine postrežemo tople.

14.Maroški zavitek za zajtrk

SESTAVINE:
- Polnozrnati zavitek ali kruh
- Humus
- Dimljen losos
- Kumare, narezane na tanke rezine
- Svež koper, sesekljan

NAVODILA:
a) Humus enakomerno razporedite po polnozrnatem zavitku.
b) Po plasteh zložimo dimljenega lososa in na tanke rezine narezane kumare.
c) Potresemo s sesekljanim svežim koprom.
d) Zavitek tesno zvijemo in prerežemo na pol.

15. Maroški hašiš z dvema krompirjema

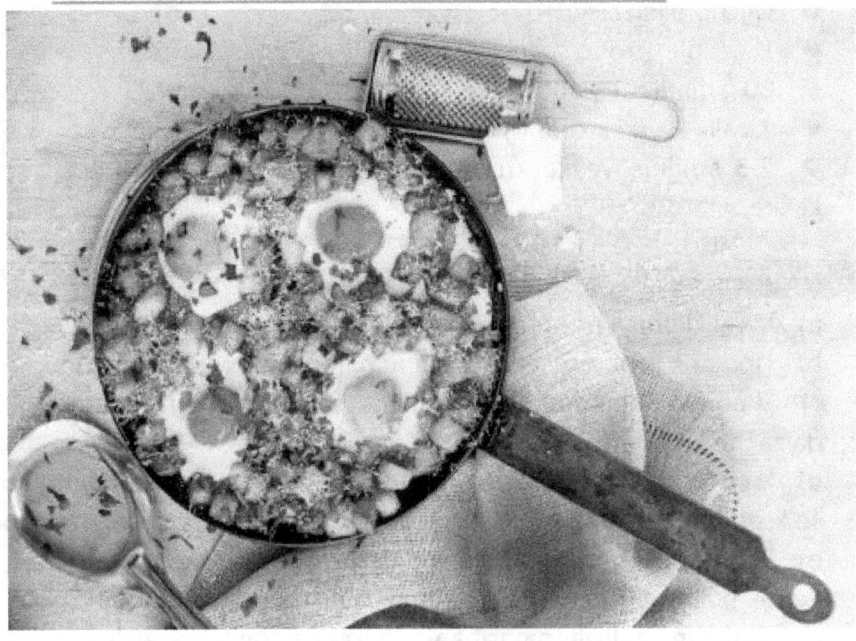

SESTAVINE:
- Oljčno olje za cvrtje
- ½ čebule, grobo sesekljane
- 80 g dimljene pancete na kocke
- 1 velik sladki krompir, narezan na 2 cm velike kocke
- 2-3 srednje velike krompirje Désirée, narezane na 2 cm velike kocke

NAVODILA:

a) V veliki ponvi na srednjem ognju segrejte oljčno olje.

b) Dodamo grobo sesekljano čebulo in pražimo, da postekleni.

c) V ponev dodamo kocke dimljene pancete in kuhamo toliko časa, da začnejo rjaveti.

d) V ponev dodajte sladki krompir in krompir Désirée. Kuhajte, dokler se krompir ne zmehča in dobi zlato rjavo skorjo (približno 15 minut).

e) V mešanici naredite štiri jamice in v vsako jamico razbijte jajce. Ponev pokrijte in kuhajte, dokler jajca niso pečena po vaših željah.

f) Okrasimo z drobno naribanim parmezanom in sesekljanim svežim peteršiljem.

16. Maroški jajčni mafini

SESTAVINE:
- 6 velikih jajc
- ½ skodelice češnjevih paradižnikov, narezanih na kocke
- ½ skodelice špinače, sesekljane
- ¼ skodelice feta sira, zdrobljenega
- 1 žlica črnih oliv, narezanih

NAVODILA:
a)   Pečico segrejte na 375 °F (190 °C). Pekač za mafine namastite z olivnim oljem ali uporabite papirnate podloge.
b)   V posodi stepemo jajca. Začinimo s soljo in poprom.
c)   V ponvi na oljčnem olju prepražimo češnjeve paradižnike, špinačo in rdečo papriko, dokler se ne zmehčajo.
d)   Dušeno zelenjavo enakomerno porazdelimo po pripravljenem pekaču za mafine.
e)   Razžvrkljana jajca prelijemo čez zelenjavo v vsaki skodelici za mafine.
f)   Po vrhu vsakega jajčnega muffina potresemo nadrobljen feta sir, narezane črne olive in sesekljan svež peteršilj.
g)   Pečemo v predhodno ogreti pečici 15-20 minut oziroma dokler se jajca ne strdijo in vrhovi niso zlato rjavi.
h)   Pustite, da se jajčni mafini nekaj minut ohladijo, preden jih vzamete iz pekača za mafine.

17. Skleda grške boginje

SESTAVINE:
- 1 skodelica kuhane kvinoje ali bulgurja
- 1 skodelica češnjevih paradižnikov, prepolovljena
- 1 kumara, narezana na kocke
- ½ skodelice oliv Kalamata, izkoščičenih in narezanih
- ½ skodelice feta sira, zdrobljenega

NAVODILA:
a) V veliki skledi zmešajte kuhano kvinojo ali bulgur, češnjeve paradižnike, kumare, olive Kalamata in nadrobljen feta sir.
b) Mešanico razdelite v dve skledi.
c) Po želji okrasite s svežim peteršiljem.
d) Postrezite takoj in uživajte v svoji poenostavljeni skledi grške boginje!

18.Ovsena kaša s pinjolami

SESTAVINE:
- 1 skodelica staromodnega valjanega ovsa
- 1 skodelica grškega jogurta
- 1 skodelica mleka (mlečnega ali rastlinskega)
- 2 žlici medu
- 2 žlici popraženih pinjol

NAVODILA:
a) V skledi zmešajte ovsene kosmiče, grški jogurt, mleko, med in ekstrakt vanilije. Mešajte, dokler ni dobro premešano.
b) Vmešajte opečene pinjole.
c) Mešanico razdelite v dva kozarca ali nepredušno zaprti posodi.
d) Zaprite kozarce ali posode in jih čez noč postavite v hladilnik ali vsaj za 4 ure, da se oves zmehča in okusi stopijo.
e) Pred serviranjem ovsene kosmiče za čez noč dobro premešajte. Če je pregosto, lahko dodate kanček mleka, da dosežete želeno gostoto.

19.Špinača in jajčna pena

SESTAVINE:
- 4 velika jajca
- 2 skodelici sveže narezane špinače
- 1 žlica oljčnega olja
- ½ čebule, drobno sesekljane
- Sol in poper po okusu

NAVODILA:
a) V skledi stepemo jajca in jih začinimo s soljo in poprom.
b) V ponvi na srednjem ognju segrejte olivno olje.
c) Dodamo sesekljano čebulo in jo pražimo, dokler se ne zmehča.
d) V ponev dodamo sesekljan česen in sesekljano špinačo. Kuhajte, dokler špinača ne oveni.
e) Stepena jajca vlijemo v ponev na mešanico špinače.
f) Jajca nežno mešajte z lopatko, dokler niso kuhana, a še vedno vlažna.
g) Odstranite ponev z ognja.
h) Neobvezno: po želji potresite zdrobljen feta sir po jajcih in premešajte, da se povežejo.
i) Okrasimo s prepolovljenimi češnjevimi paradižniki in sesekljanim svežim peteršiljem.
j) Špinačno-jajčni umešanček postrezite vroče in uživajte!

20. Feta in paradižnikova mešanica

SESTAVINE:
- jajca
- Feta sir, zdrobljen
- Češnjev paradižnik, narezan na kocke
- Sveža bazilika, sesekljana
- Olivno olje

NAVODILA:
a) V skledi stepemo jajca in jih začinimo s soljo in poprom.
b) V ponvi segrejte olivno olje in vmešajte jajca.
c) Dodamo nadrobljeno feto in na kocke narezan češnjev paradižnik.
d) Kuhajte, dokler se jajca popolnoma ne strdijo.
e) Pred serviranjem potresemo s svežo sesekljano baziliko.

21. Tartine iz češnje in rikote

SESTAVINE:
- 2 rezini polnozrnatega kruha, popečen
- ½ skodelice sira ricotta
- 1 skodelica svežih češenj, izkoščičenih in razpolovljenih
- 1 žlica medu
- 1 žlica sesekljanih pistacij

NAVODILA:
a) Popečemo rezine polnozrnatega kruha po želji.
b) Vsako rezino popečenega kruha namažite z izdatno plastjo sira ricotta.
c) Na vrh rikote položite sveže češnjeve polovice, ki jih enakomerno razporedite.
d) Med pokapajte po češnjah in zagotovite, da je enakomerno porazdeljen.
e) Čez tartine potresemo sesekljane pistacije za dodatno hrustljavost in okus.

22.Omleta s paradižnikom in feto

SESTAVINE:
- 2 žlički olivnega olja
- 4 jajca, pretepena
- 8 češnjevih paradižnikov, narezanih
- 50 g feta sira, nadrobljenega
- mešani listi solate, za postrežbo (neobvezno)

NAVODILA:

a) V ponvi segrejemo olje, dodamo jajca in jih med občasnim mešanjem kuhamo. Po nekaj minutah raztresite feto in paradižnik. Pred serviranjem kuhajte še eno minuto.

b) V pokriti ponvi segrejemo olje, na katerem čebulo, čili, česen in stebla koriandra pražimo 5 minut do mehkega. Primešamo paradižnik, nato pa dušimo 8-10 minut.

c) S hrbtno stranjo velike žlice 4 pomočite v omako, nato pa v vsako razbijte jajce. Ponev pokrijemo in kuhamo na majhnem ognju 6-8 minut , dokler jajca niso pečena po vaših željah.

d) Potresemo s koriandrovimi listi in postrežemo s kruhom.

23. Grški jogurt z medom in oreščki

SESTAVINE:
- Grški jogurt
- srček
- Mandlji, sesekljani
- Orehi, sesekljani
- Sveže jagode (neobvezno)

NAVODILA:
a) V skledo žlico nalijte grški jogurt.
b) Med pokapljajte po jogurtu.
c) Po vrhu potresemo sesekljane mandlje in orehe.
d) Po želji dodajte sveže jagode.

24. Maroška skleda za zajtrk

SESTAVINE:
- Kuhana kvinoja
- Humus
- Kumare, narezane na kocke
- Češnjev paradižnik, prepolovljen
- Olive Kalamata, narezane na rezine

NAVODILA:
a) Kuhano kvinojo naložimo v skledo.
b) Dodajte kančke humusa.
c) Potresemo na kocke narezano kumaro, razpolovljene češnjeve paradižnike in narezane olive Kalamata.
d) Pred uživanjem premešajte.

25. Maroška začinjena kava

SESTAVINE:
- ¼ čajne žličke mletega cimeta
- ⅛ čajne žličke mletega kardamoma
- 1 skodelica močno kuhane kave
- ⅛ čajne žličke mletih nageljnovih žbic
- ¼ čajne žličke mletega muškatnega oreščka
- Sladkor ali med po okusu (neobvezno)
- Mleko ali smetana (neobvezno)

NAVODILA:
a) Začnite s pripravo močnega zvarka kave z vašim najljubšim aparatom za kavo. Izberite sveže mleta kavna zrna, da boste uživali v največji svežini okusa.
b) Medtem ko je kava v procesu kuhanja, pripravite začimbno mešanico.
c) V majhni skledi zmešajte mleti cimet, mleti kardamom, mlete nageljnove žbice in mleti muškatni oreščck. Te začimbe temeljito premešajte.
d) Takoj, ko je kava pripravljena, jo prenesite v skodelico za kavo.
e) Začimbno mešanico potresite po sveže kuhani kavi.
f) Količino začimb prilagodite svojemu okusu. Začnete lahko s priloženimi merami in dodate več za drznejšo začimbno infuzijo.
g) Maroško začinjeno kavo po želji sladkajte s sladkorjem ali medom.
h) Mešajte, dokler se sladilo popolnoma ne raztopi.
i) Za kremast pridih razmislite o dodajanju kančka mleka ali smetane na tej stopnji.
j) Močno premešajte kavo, da se začimbe in sladilo enakomerno porazdelijo.
k) Okusite svojo maroško začinjeno kavo, medtem ko je še vroča.

26. Maroška avokado in paradižnikova solata

SESTAVINE:
- 2 zrela avokada, narezana na kocke
- 2 paradižnika, narezana na kocke
- 1/4 skodelice rdeče čebule, drobno sesekljane
- 2 žlici svežega peteršilja, sesekljanega
- 1 žlica oljčnega olja
- 1 žlica limoninega soka
- Sol in poper po okusu

NAVODILA:
a) V skledi zmešajte na kocke narezan avokado, paradižnik, rdečo čebulo in svež peteršilj.
b) V majhni skledi zmešajte olivno olje, limonin sok, sol in poper.
c) Preliv prelijemo po solati in nežno premešamo, da se poveže.
d) Postrežemo takoj kot osvežilno prilogo.

27.Maroške Msemen (kvadratne palačinke)

SESTAVINE:
- 3 skodelice večnamenske moke
- 1 skodelica drobnega zdroba
- 1 čajna žlička soli
- 1 žlica sladkorja
- 1 žlica kvasa
- 1 1/2 do 2 skodelici tople vode
- Oljčno olje za ščetkanje

NAVODILA:
a) V veliki skledi zmešamo moko, zdrob, sol, sladkor in kvas.
b) Postopoma prilivamo toplo vodo in gnetemo dokler ne dobimo mehkega, elastičnega testa.
c) Testo razdelite na dele v velikosti golf žogice.
d) Vsako kroglico sploščite v tanek kvadrat ali pravokotnik.
e) Vsako stran kvadrata premažite z oljčnim oljem.
f) Kvadratke popečemo na vroči rešetki ali ponvi na obeh straneh do zlato rjave barve.
g) Postrezite toplo z medom ali marmelado.

PRIGRIZKI IN PREDJEDI

28.Maroški humus s Harisso

SESTAVINE:
- 1 pločevinka (15 oz) čičerike, odcejene in oprane
- 3 žlice tahinija
- 2 stroka česna, nasekljana
- 2 žlici oljčnega olja
- Sok 1 limone
- 1 čajna žlička mlete kumine
- Sol in poper po okusu
- Harissa pasta za okras
- Sesekljan svež peteršilj za okras

NAVODILA:
a) V kuhinjskem robotu zmešajte čičeriko, tahini, česen, olivno olje, limonin sok, kumino, sol in poper.
b) Mešajte, dokler ni gladka in kremasta.
c) Humus prestavimo v servirno skledo.
d) Na sredini naredite jamico in dodajte kanček harissa paste.
e) Okrasite s sesekljanim peteršiljem.
f) Postrezite s pita kruhom ali zelenjavnimi palčkami.

29. Maroški polnjeni datlji

SESTAVINE:
- Medjool datlji, brez koščic
- Kremni kozji sir
- Orehi ali mandlji, celi ali razpolovljeni
- Med za prelivanje
- Mleti cimet za posip

NAVODILA:

a) Vzemite vsak izkoščičen datlj in ga nadevajte z majhno količino kremastega kozjega sira.
b) V sir vtisnemo oreh ali mandelj.
c) Nadevane datlje razporedimo po servirnem krožniku.
d) Datlje pokapljajte z medom.
e) Potresemo z mletim cimetom.
f) Postrezite kot sladek in slan maroški prigrizek.

30. Maroška špinača in feta briouats

SESTAVINE:
- 1 skodelica kuhane špinače, sesekljane in odcejene
- 1/2 skodelice zdrobljenega feta sira
- 1/4 skodelice sesekljanega svežega cilantra
- 1/4 skodelice sesekljane zelene čebule
- 1 čajna žlička mlete kumine
- Sol in poper po okusu
- Listi testa Phyllo
- Stopljeno maslo za ščetkanje

NAVODILA:
a) Pečico segrejte na 375 °F (190 °C).
b) V skledi zmešajte kuhano špinačo, feta sir, koriander, zeleno čebulo, kumino, sol in poper.
c) Vzemite list testa in ga rahlo premažite s stopljenim maslom.
d) Na en konec filo lista položite žlico mešanice špinače in fete.
e) Filo prepognemo čez nadev, da oblikujemo trikotnik.
f) Nadaljujte z zlaganjem v trikotno obliko.
g) Briouate položite na pekač in jih po vrhu namažite s stopljenim maslom.
h) Pečemo v ogreti pečici 15-20 minut oziroma do zlato rjave barve.
i) Pred serviranjem pustite, da se nekoliko ohladi.

31.Maroška klobasa Merguez

SESTAVINE:

- 2 žlički kuminovih semen
- 2 žlički semen komarčka
- 2 žlički koriandrovih semen
- 2 žlici paprike
- 3 čajne žličke mletega kajenskega popra
- 1 čajna žlička mletega cimeta
- 1 čajna žlička mletega ruja (neobvezno)
- 3 funte mlete jagnjetine
- 1/2 skodelice ekstra deviškega oljčnega olja
- 1 skodelica svežega cilantra, drobno mletega
- 1/2 skodelice svežih metinih listov, drobno mletih 6 velikih strokov česna, drobno mletih 4 čajne žličke košer soli

NAVODILA:

a) V ponvi z težkim dnom ali litoželezni ponvi zmešajte semena kumine, koromača in koriandra ter pražite na srednjem ognju 2 minuti ali dokler ne zadiši. Pustite, da se nekoliko ohladi, nato pa zmeljte v mlinčku za začimbe, dokler ni fino in praškasto. (Opomba: namesto celih lahko uporabite tudi mlete začimbe, vendar bo okus s celimi začimbami boljši)

b) Mlete popečene začimbe zmešajte s papriko, kajenskim pekočim pekom, cimetom in rujem. V veliki skledi zmešajte začimbe z mleto jagnjetino, oljem, koriandrom, meto, česnom in soljo ter mešajte, dokler se dobro ne združijo (uporabljam svoj mešalnik, da zagotovim, da je vse enakomerno združeno.)

c) Po želji v ponvi prepražimo malo mesa in ga poskusimo, da preverimo okus. Začimbe prilagodite po želji.

d) Za oblikovanje začinjeno mešanico jagnjetine razvaljajte v majhne cevi, dolge približno 4 cm in široke 1 cm. Po želji lahko naredite tudi polpete. Klobaso lahko skuhamo takoj, lahko pa jo zavijemo in zamrznemo za nedoločen čas. Za kuhanje klobaso spečemo na žaru ali kuhamo na ponvi, dokler ni kuhana.

32.Maroški jetrni kebab

SESTAVINE:
- 8 unč ledvične maščobe, neobvezno, a priporočljivo, narezane na kocke
- 2,2 funta svežih telečjih ali jagnječjih jeter (po možnosti telečja jetra), odstranite prozorno membrano, narežite na ¾ inčne kocke

MARINADA
- 2 žlici mlete sladke paprike
- 2 žlički soli
- 1 čajna žlička mlete kumine

SLUŽITI
- 2 žlički mlete kumine
- 2 čajni žlički kajenskega popra (neobvezno)
- 2 žlički soli

navodila :
a) V skledo damo jetra in maščobo ter dobro premešamo.
b) Čez potresemo papriko, sol in kumino ter ponovno premešamo, dokler ni dobro prekrita.
c) Skledo pokrijemo in postavimo v hladilnik za 1 - 8 ur.
d) 30 minut pred peko vzemite skledo iz hladilnika.
e) Postavite žar in ga predhodno segrejte na srednje visoko temperaturo.
f) Kocke jeter izmenično s kockami ledvične maščobe nataknemo na nabodala, tako da vmes ne puščamo vrzeli. Na vsako nabodalo nataknite približno 6 - 8 kock jeter.
g) Pripravljena nabodala položimo na rešetko in jih pečemo približno 8 - 10 minut, pogosto obračamo. Jetra morajo biti znotraj dobro pečena in gobasta, ko jih pritisnete.
h) Postrezite toplo.

33. Maroški zelenjavni burgerji z jamom

SESTAVINE:
- 1,5 skodelice naribanega jama
- 2 stroka česna, olupljena
- ¾ skodelice svežih listov cilantra
- 1 kos svežega ingverja, olupljen
- 15-unčna pločevinka čičerike, odcejene in oprane
- 2 žlici mletega lanu zmešamo s 3 žlicami vode
- ¾ skodelice ovsenih kosmičev, mletih v moko
- ½ žlice sezamovega olja
- 1 žlica kokosovih aminokislin ali tamarija z nizko vsebnostjo natrija
- ½-¾ čajne žličke drobnozrnate morske soli ali rožnate himalajske soli po okusu
- Sveže mleti črni poper, po okusu
- 1 ½ čajne žličke čilija v prahu
- 1 čajna žlička kumine
- ½ čajne žličke koriandra
- ¼ čajne žličke cimeta
- ¼ čajne žličke kurkume
- ½ skodelice cilantro-limetine tahini omake

NAVODILA:

a) Pečico segrejte na 350 F. Pekač obložite s kosom pergamentnega papirja.
b) Jam olupimo. Z odprtino za rešetko običajne velikosti naribajte jam, dokler ne dobite 1 ½ rahlo napolnjene skodelice. Postavite v skledo.
c) Odstranite nastavek za strganje s kuhinjskega robota in dodajte običajno rezilo "s". Česen, koriander in ingver sesekljajte na drobno.
d) Dodajte odcejeno čičeriko in ponovno obdelajte, dokler ni drobno sesekljana, vendar pustite nekaj teksture. Zajemajte to mešanico v skledo.
e) V posodi zmešajte mešanico lanu in vode.
f) Oves zmeljemo v moko z mešalnikom ali kuhinjskim robotom. Lahko pa uporabite ¾ skodelice + 1 žlico predhodno mlete ovsene moke. To vmešajte v zmes skupaj z mešanico lanu.
g) Zdaj vmešajte olje, aminokisline/tamari, sol/poper in začimbe, dokler se dobro ne premešajo. Po želji prilagodite okusu.
h) Oblikujte 6-8 polpetov, pri čemer zmes tesno stisnite skupaj. Položite na pekač.
i) Pecite 15 minut, nato pazljivo obrnite in pecite še 18-23 minut, dokler ne postanejo zlate in čvrste. Ohladite na ponvi.

34. Polnjeni paradižniki

SESTAVINE:
- 8 majhnih paradižnikov ali 3 velike
- 4 trdo kuhana jajca, ohlajena in olupljena
- 6 žlic aiolija ali majoneze
- Sol in poper
- 1 žlica sesekljanega peteršilja

NAVODILA:
a) Paradižnike potopite v skledo z ledeno ali zelo mrzlo vodo, potem ko jih 10 sekund olupite v ponvi z vrelo vodo.
b) Paradižnikom odrežemo vrhove. S čajno žličko ali majhnim ostrim nožem postrgajte semena in notranjost.
c) V posodi za mešanje pretlačite jajca z aiolijem (ali majonezo), soljo, poprom in peteršiljem.
d) Z nadevom napolnite paradižnike in jih močno stisnite. Zamenjajte pokrove na majhne paradižnike pod živahnim kotom.
e) Paradižnike napolnite do vrha in močno pritiskajte, dokler niso poravnani. Hladimo 1 uro, preden ga z ostrim rezarskim nožem narežemo na kolobarje.
f) Okrasite s peteršiljem.

35. Labneh z olivnim oljem in za'atarjem

SESTAVINE:
- Labneh (pasirani jogurt)
- Ekstra deviško olivno olje
- Mešanica začimb Za'atar
- Pita kruh ali polnozrnati krekerji
- Listi sveže mete za okras

NAVODILA:
a) Postavite labneh v skledo.
b) Pokapljamo z oljčnim oljem.
c) Po vrhu potresemo začimbo Za'atar.
d) Postrezite s pita kruhom ali krekerji.
e) Okrasite z listi sveže mete.

36.Ocvrti iz slane polenovke z aiolijem

SESTAVINE:
- 1 funt namočene slane trske
- 3 ½ unč posušenih belih drobtin
- ¼ funta mokatega krompirja, kuhanega in pretlačenega
- Oljčno olje, za plitvo cvrtje
- Aioli

NAVODILA:
a) V ponvi zmešajte mleko in polovico mlade čebule, zavrite in namočeno polenovko poširajte 10-15 minut, dokler ne začne hitro luščiti. Odstranite kosti in kožo, nato polenovko natrgajte v skledo.
b) Polenovki stresite 4 žlice pire krompirja in premešajte z leseno kuhalnico.
c) Delajte na oljčnem olju, nato postopoma dodajte preostali pire krompir. V skledi za mešanje zmešajte preostalo mlado čebulo in peteršilj.
d) Po okusu začinimo z limoninim sokom in poprom.
e) Stepite eno jajce, dokler se dobro ne zmeša v ločeni skledi, nato ohladite, dokler ni trdno.
f) Ohlajeno ribjo mešanico razvaljajte v 12-18 kroglic, nato jih nežno sploščite v majhne okrogle kolačke. Vsako pomokamo, pomočimo v stepeno jajce in potresemo s suhimi drobtinami. Hladite, dokler ni pripravljen za cvrtje.
g) V veliki, težki ponvi segrejte približno ¾-palčno olje. Ocvrtke kuhamo približno 4 minute na srednje močnem ognju.
h) Obrnite jih in kuhajte še 4 minute ali dokler ne postanejo hrustljavi in zlati na drugi strani.
i) Odcedite na papirnatih brisačah, preden jih postrežete z Aioli.

37.Kroketi s kozicami

SESTAVINE:
- 3 ½ unč masla
- 4 unče navadne moke
- 1 ¼ litra hladnega mleka
- 14 unč kuhanih olupljenih kozic, narezanih na kocke
- Oljčno olje za globoko cvrtje

NAVODILA:
a) V srednje veliki ponvi stopite maslo in med stalnim mešanjem dodajte moko.
b) Med stalnim mešanjem počasi prilivajte ohlajeno mleko, dokler ne dobite goste, gladke omake.
c) Dodajte kozice, izdatno začinite s soljo in poprom, nato pa vmešajte paradižnikovo pasto. Kuhajte še 7 do 8 minut.
d) Vzemite pičlo žlico mešanice in jo razvaljajte v 1 ½ - 2-palčni valj, da oblikujete krokete.
e) V veliki ponvi z debelim dnom segrejte olje za cvrtje, dokler ne doseže 350 °F ali pa kocka kruha v 20-30 sekundah postane zlato rjava.
f) Krokete cvrete približno 5 minut v serijah po največ 3 ali 4 do zlato rjave barve.
g) Z rešetkasto žlico odstranite krokete, jih odcedite na kuhinjskem papirju in takoj postrezite.

38.Hrustljavi ocvrtki s kozicami

SESTAVINE:
- ½ funta majhne kozice, olupljene
- 1½ skodelice čičerikine ali navadne moke
- 1 žlica sesekljanega svežega ploščatega peteršilja
- 3 čebulice, beli del in malo nežnih zelenih vršičkov, drobno narezane
- ½ čajne žličke sladke paprike/pimentona

NAVODILA:
a) Kozice skuhamo v loncu s toliko vode, da jih prekrijemo, in jih na močnem ognju zavremo.
b) V skledi zmešajte moko, peteršilj, kapesota in pimentón, da dobite testo. Dodajte ščepec soli in ohlajeno vodo za kuhanje.
c) Mešajte ali obdelujte, dokler ne dobite teksture, ki je malo debelejša od testa za palačinke. Hladimo 1 uro.
d) Kozico drobno sesekljajte.
e) Testo vzamemo iz hladilnika in vmešamo mlete kozice.
f) V težki ponvi segrejte olivno olje na močnem ognju, dokler se skoraj ne začne kaditi.
g) Vlijte 1 žlico testa v olje za vsak ocvrt, sploščite na premer 3 ½ palca.
h) Cvrite približno 1 minuto na vsaki strani oziroma dokler ocvrtki ne postanejo zlati in hrustljavi.
i) Ocvrte odstranite z žlico z režicami in jih položite na pekač.
j) Postrezite takoj.

39. Kalamari z rožmarinom in čilijevim oljem

SESTAVINE:
- 1 funt svežih kalamarov, očiščenih in narezanih na kolobarje
- ½ skodelice oljčnega olja
- 2 stroka česna, nasekljana
- 1 žlica svežega rožmarina, drobno sesekljanega
- 1 čajna žlička rdečih čilijevih kosmičev (prilagodite okusu)

NAVODILA:
a) V veliki ponvi na srednjem ognju segrejte oljčno olje.
b) V ponev dodajte sesekljan česen, sesekljan rožmarin in kosmiče rdečega čilija. Kuhajte 1-2 minuti, dokler česen ne zadiši.
c) V ponev dodajte narezane lignje in jih premešajte, da se prekrijejo z aromatiziranim oljem. Kuhajte 2-3 minute oziroma dokler kalamari niso neprozorni in ravnokar kuhani.
d) Začinimo s soljo in poprom po okusu.
e) Ponev odstavimo z ognja in kalamare prestavimo na servirni krožnik.
f) Preostalo aromatizirano olje pokapajte po lignjih.
g) Okrasite s sesekljanim svežim peteršiljem in postrezite vroče z limoninimi rezinami ob strani.

40.Tortelini solata

SESTAVINE:
- 1 paket tortelinov s tribarvnim sirom
- ½ skodelice narezanega feferona
- ¼ skodelice narezanih kapesant
- 1 na kocke narezana zelena paprika
- 1 skodelica razpolovljenih češnjevih paradižnikov

NAVODILA:
a) Torteline skuhamo po navodilih z embalaže, nato jih odcedimo.
b) V veliko skledo za mešanje stresite torteline s feferoni, narezanimi na kocke, narezano mlado čebulo, narezano zeleno papriko, prepolovljene češnjeve paradižnike in vse dodatne želene sestavine.
c) Po vrhu pokapajte italijanski preliv.
d) Vse skupaj premešajte, da se poveže.
e) Pred serviranjem pustite 2 uri, da se ohladi.

41.Solata s testeninami Caprese

SESTAVINE:
- 2 skodelici kuhanih penne testenin
- 1 skodelica pesta
- 2 narezana paradižnika
- 1 skodelica na kocke narezanega mocarele
- Sol in poper po okusu

NAVODILA:

a) Testenine skuhamo po navodilih na embalaži, nato jih odcedimo.

b) V veliki posodi za mešanje zmešajte testenine s pestom, sesekljanim paradižnikom in na kocke narezanim sirom mocarela.

c) Začinite s soljo, poprom in origanom.

d) Po vrhu pokapajte rdeči vinski kis.

e) Preden postrežete, postavite za 1 uro v hladilnik.

42.Balzamični toast

SESTAVINE:
- 1 skodelica očiščenih in na kocke narezanih romskih paradižnikov
- ¼ skodelice sesekljane bazilike
- ½ skodelice naribanega pecorino sira
- 1 strok česna
- 1 žlica balzamičnega kisa

NAVODILA:
a) V posodi za mešanje zmešajte na kocke narezan paradižnik, sesekljano baziliko, nastrgan sir pecorino in sesekljan česen.
b) V majhni skledi za mešanje zmešajte balzamični kis in 1 žlico oljčnega olja; dati na stran.
c) Rezine francoskega kruha pokapljamo z oljčnim oljem in potresemo s česnom v prahu in baziliko.
d) Rezine kruha položite na pekač in jih pražite 5 minut pri 350 stopinjah.
e) Odstranite iz pečice in popečen kruh prelijte z mešanico paradižnika in sira.
f) Po potrebi začinimo s soljo in poprom.
g) Postrezite takoj.

43. Kroglice za pico

SESTAVINE:
- 1 funt zdrobljene mlete klobase
- 2 skodelici mešanice Bisquick
- 1 sesekljano čebulo
- 3 mleti stroki česna
- 2 skodelici naribanega sira mozzarella

NAVODILA:
a) Pečico segrejte na 400 stopinj Fahrenheita.
b) V skledi zmešamo nadrobljeno mleto klobaso, mešanico Bisquick, sesekljano čebulo, sesekljan česen in nastrgan sir mocarela.
c) Dodamo ravno toliko vode, da bo mešanica uporabna.
d) Mešanico razvaljajte v 1-palčne kroglice.
e) Kroglice položite na pripravljen pekač.
f) Po kroglicah za pico potresemo parmezan.
g) Pečemo v predhodno ogreti pečici na 350°F 20 minut.
h) Postrezite s preostalo omako za pico ob strani za pomakanje.

44. Ugrizi pokrovače in pršuta

SESTAVINE:
- ½ skodelice tanko narezanega pršuta
- 3 žlice kremnega sira
- 1 funt pokrovače
- 3 žlice oljčnega olja
- 3 mleti stroki česna

NAVODILA:
a) Na vsako rezino pršuta nanesite majhen premaz kremnega sira.
b) Nato okoli vsake pokrovače ovijte rezino pršuta in jo pritrdite z zobotrebcem.
c) V ponvi segrejemo olivno olje.
d) V ponvi 2 minuti kuhajte česen.
e) Dodamo pokrovače, zavite v folijo, in pečemo 2 minuti na vsaki strani.
f) S papirnato brisačo ožemite odvečno tekočino.

45. Jajčevci z medom

SESTAVINE:
- 3 žlice medu
- 3 jajčevci
- 2 skodelici mleka
- 1 žlica soli
- 100 g moke

NAVODILA:
a) Jajčevce na tanko narežemo.
b) V posodi za mešanje zmešajte jajčevce. V posodo nalijemo toliko mleka, da so jajčevci popolnoma prekriti. Začinimo s ščepcem soli.
c) Pustite vsaj eno uro, da se namaka.
d) Jajčevce vzamemo iz mleka in jih odstavimo. Vsako rezino potresemo z moko in mešanico soli in popra.
e) V ponvi segrejemo olivno olje. Rezine jajčevca ocvremo na 180 stopinjah C.
f) Ocvrte jajčevce položimo na papirnate brisače, da vpijejo odvečno olje.
g) Jajčevce prelijemo z medom.
h) Postrezite takoj.

46. Pečena rdeča paprika in feta dip

SESTAVINE:
- 1 skodelica pečene rdeče paprike (iz kozarca), odcejene
- 1/2 skodelice feta sira, zdrobljenega
- 2 žlici ekstra deviškega oljčnega olja
- 1 čajna žlička posušenega origana
- 1 strok česna, sesekljan

NAVODILA:
a) V sekljalniku zmešajte pečeno rdečo papriko, feto, oljčno olje, mlet česen in origano, dokler ni gladka.
b) Prestavimo v servirno skledo.
c) Postrezite s pita čipsom ali zelenjavnimi palčkami.

47. Špansko-maroški goveji ražnjiči

SESTAVINE:
- ½ skodelice pomarančnega soka
- 2 žlički olivnega olja
- 1½ čajne žličke limoninega soka
- 1 čajna žlička posušenega origana
- 10 unč pustega govejega mesa brez kosti, narezanega na 2" kocke

NAVODILA:
a) Za pripravo marinade v skledi zmešajte pomarančni sok, oljčno olje, limonin sok in posušen origano.
b) Dodajte goveje kocke v marinado in jih premešajte. Hladite vsaj 2 uri ali čez noč.
c) Predgrejte žar in rešetko premažite s sprejem za kuhanje proti prijemanju.
d) Na nabodala nanizamo marinirane goveje kocke.
e) Pecite ražnjiče na žaru 15-20 minut, jih pogosto obračajte in premažite s prihranjeno marinado, dokler niso pripravljeni po vaših željah.
f) Postrezite toplo.

48. Maroški avokadov humus

SESTAVINE:
- 1 skodelica humusa
- 1 zrel avokado, narezan na kocke
- 1 žlica limoninega soka
- 1 žlica sesekljanega svežega peteršilja
- 1 žlica pinjol (neobvezno)

NAVODILA:
a) V skledi nežno zmešajte na kocke narezan avokado v humus.
b) Mešanico pokapajte z limoninim sokom.
c) Potresemo s sesekljanim peteršiljem in pinjolami.
d) Postrezite s polnozrnatimi krekerji ali rezinami kumar.

49. Maroški toast s paradižnikom

SESTAVINE:
- 4 zreli paradižniki, narezani na kocke
- 1/4 skodelice sveže bazilike, sesekljane
- 2 žlici ekstra deviškega oljčnega olja
- 1 strok česna, sesekljan
- Sol in poper po okusu

NAVODILA:

a) V skledi zmešajte na kocke narezan paradižnik, sesekljano baziliko, sesekljan česen in olivno olje.

b) Začinimo s soljo in poprom.

c) Pustite, da se mešanica marinira 15-20 minut.

d) Paradižnikovo zmes z žlico naložimo na popečene rezine bagete.

50. Hrustljava italijanska mešanica pokovke

SESTAVINE:
- 10 skodelic Pokukana pokovka
- 3 skodelice Koruzni prigrizki v obliki bugle
- ¼ skodelice Margarina ali maslo
- 1 čajna žlička Italijanska začimba
- ⅓ skodelice parmezan

NAVODILA:
a) V veliki skledi za mikrovalovno pečico zmešajte pokovko in koruzne prigrizke.
b) V mikrovarni merici za 1 skodelico zmešajte preostale sestavine, razen sira.
c) Pecite v mikrovalovni pečici 1 minuto na HIGH ali dokler se margarina ne stopi; premešamo. Na vrh vlijemo mešanico pokovke.
d) Mešajte, dokler ni vse enakomerno prekrito. Pecite v mikrovalovni pečici, nepokrito, 2-4 minute, dokler ni opečeno, in mešajte vsako minuto. Po vrhu je treba posuti parmezan.
e) Postrezite toplo.

51.Rdeča paprika in feta dip

SESTAVINE:
- 1 skodelica pečene rdeče paprike (kupljene ali domače)
- ½ skodelice feta sira, zdrobljenega
- 1 strok česna, sesekljan
- 1 čajna žlička limoninega soka
- Sol in poper po okusu

NAVODILA:
a) V kuhinjskem robotu zmešajte vse sestavine do gladkega.
b) Pomako postrezite s polnozrnatim pita čipsom.

52.Maroški humus dip

SESTAVINE:
- 1 skodelica humusa
- 2 žlici ekstra deviškega oljčnega olja
- 1 čajna žlička paprike
- 1 žlica sesekljanega svežega peteršilja
- 1 strok česna, sesekljan

NAVODILA:
a) V skledi zmešamo humus in sesekljan česen.
b) Humus pokapajte z oljčnim oljem.
c) Po vrhu potresemo papriko in sesekljan peteršilj.
d) Postrezite s pita kruhom ali svežimi zelenjavnimi palčkami.

53. Feta in oljčna tapenada

SESTAVINE:
- 1 skodelica oliv Kalamata brez koščic
- 1 skodelica feta sira, zdrobljenega
- 2 žlici ekstra deviškega oljčnega olja
- 1 čajna žlička posušenega origana
- Lupina 1 limone

NAVODILA:
a) V kuhinjskem robotu zmešajte olive, feto, oljčno olje in origano.
b) Utripajte, dokler mešanica ne doseže želene konsistence.
c) Vmešamo limonino lupinico.
d) Postrezite s krekerji ali narezano bageto.

54. Maroški polnjeni grozdni listi

SESTAVINE:
- 1 kozarec grozdnih listov, odcejenih
- 1 skodelica kuhane kvinoje
- 1/2 skodelice zdrobljenega feta sira
- 1/4 skodelice oliv Kalamata, sesekljanih
- 2 žlici ekstra deviškega oljčnega olja

NAVODILA:
a) V skledi zmešamo kuhano kvinojo, feto in narezane olive Kalamata.
b) List vinske trte položimo na ravno površino, dodamo žlico kvinojine mešanice in zvijemo v tesen valj.
c) Ponavljajte, dokler ne napolnite vseh grozdnih listov.
d) Nadevane grozdne liste pokapljamo z oljčnim oljem.
e) Postrežemo ohlajeno.

GLAVNA JED

55. Maroška piščančja pečenka

SESTAVINE:
- 200 g mladega korenja
- 2 rdeči čebuli, olupljeni in vsako narezani na 8 rezin
- 2 žlici oljčnega olja
- 2 žlici ras-el-hanout
- 200 ml piščančje juhe
- 150 g kuskusa
- 4 piščančje prsi s kožo
- 2 bučki
- 1 x 400 g pločevinka čičerike, odcejene in oprane
- 50 ml vode
- 4 žlice sesekljanega koriandra
- Limonin sok, po okusu
- 15 g naribanih pistacij, grobo sesekljanih
- Morska sol in sveže mlet črni poper
- Cvetni listi vrtnic, za postrežbo (neobvezno)

NAVODILA:
a) Pečico segrejte na 220°C/200°C ventilator/plin 7.
b) Korenje operemo, večjega po dolžini prerežemo na pol. Postavite v velik pekač s čebulo. Pokapajte z 1 žlico oljčnega olja in potresite po 1 žlici ras-el-hanouta, dokler ni enakomerno prevlečen. Postavite v pečico za 10 minut.
c) Piščančjo osnovo vlijemo v manjšo ponev, postavimo na srednje močan ogenj in zavremo. Kuskus dajte v skledo z malo soli in popra. Prelijemo z vročo osnovo, pokrijemo s prozorno folijo in odstavimo, da vpije tekočino.
d) Piščančjo kožo zarežite z ostrim nožem, nato začinite s soljo in poprom ter potresite čez ½ žlice ras-el-hanouta.
e) Vsako bučko po dolžini narežite na četrtine in nato na 5 cm dolge, nato pa potresite s preostalo ½ žlice ras-el-hanouta. Pekač vzamemo iz pečice in dodamo bučke in čičeriko. Na vrh položite piščančje prsi in jih pokapajte s preostalo žlico olivnega olja. Dodajte vodo na dno pekača in vrnite v pečico na visoko rešetko za 15 minut.
f) Medtem odkrijemo kuskus in ga z vilicami razpihnemo. Vmešajte koriander, nato dodajte limonin sok ter sol in poper po okusu.
g) Pekač vzamemo iz pečice in potresemo s pistacijami in vrtnimi listi (če jih uporabljamo). Prinesite na mizo in postrezite neposredno s pladnja.

56. Tagine iz maroške čičerike

SESTAVINE:
- 2 žlici oljčnega olja
- 1 čebula, narezana na kocke
- 3 stroki česna, sesekljani
- 1 čajna žlička mlete kumine
- 1 čajna žlička mletega koriandra
- ½ čajne žličke mletega cimeta
- ½ čajne žličke mletega ingverja
- ¼ čajne žličke kajenskega popra (neobvezno, za segrevanje)
- 1 pločevinka (14 unč) narezanega paradižnika
- 2 skodelici kuhane čičerike (ali 1 pločevinka, odcejena in oplaknjena)
- 1 skodelica zelenjavne juhe
- 1 skodelica narezanega korenja
- 1 skodelica narezanega krompirja
- ½ skodelice sesekljanih suhih marelic
- ¼ skodelice sesekljanega svežega cilantra (plus več za okras)
- Sol in poper po okusu

NAVODILA:
a) V velikem loncu ali taginu na srednjem ognju segrejte oljčno olje. Dodamo na kocke narezano čebulo in sesekljan česen ter pražimo toliko časa, da čebula postekleni in zadiši.
b) V lonec dodajte mleto kumino, mleti koriander, mleti cimet, mleti ingver in kajenski poper (če ga uporabljate). Dobro premešamo, da se čebula in česen prekrita z začimbami.
c) Prilijemo na kocke narezan paradižnik (s sokom) in premešamo, da se poveže z začimbami.
d) V lonec dodamo kuhano čičeriko, zelenjavno juho, na kocke narezano korenje, na kocke narezan krompir in sesekljane suhe marelice. Mešajte, da vključite vse sestavine.
e) Mešanico zavrite, nato pa ogenj zmanjšajte na nizko. Lonec pokrijte in dušite približno 45 minut do 1 ure ali dokler se zelenjava ne zmehča in se okusi stopijo skupaj.
f) Vmešajte sesekljan svež koriander in po okusu začinite s soljo in poprom.
g) Tagine kuhajte še dodatnih 5 minut, da se okusi premešajo.
h) Postrezite maroško čičeriko Tagine v skledah, okrašeno z dodatnim sesekljanim svežim cilantrom.

57. Maroška enolončnica iz čičerike

SESTAVINE:

- 1 žlica oljčnega olja
- 1 čebula, narezana na kocke
- 2 stroka česna, nasekljana
- 1 korenček, narezan na kocke
- 1 rdeča paprika, narezana na kocke
- 1 čajna žlička mlete kumine
- 1 čajna žlička mletega koriandra
- ½ čajne žličke mlete kurkume
- ½ čajne žličke mletega cimeta
- 1 pločevinka (14 unč) narezanega paradižnika
- 2 skodelici kuhane čičerike (ali 1 pločevinka, oplaknjena in odcejena)
- 2 skodelici zelenjavne juhe z nizko vsebnostjo natrija
- Sol in poper po okusu
- Svež cilantro ali peteršilj, sesekljan, za okras

NAVODILA:

a) V velikem loncu na zmernem ognju segrejte olivno olje. Dodajte čebulo, česen, korenček in rdečo papriko. Kuhamo toliko časa, da se zelenjava zmehča.
b) V lonec dodajte kumino, koriander, kurkumo in cimet. Dobro premešamo, da se zelenjava prekrije z začimbami.
c) Prilijemo na kocke narezan paradižnik, čičeriko in zelenjavno juho. Začinimo s soljo in poprom po okusu.
d) Enolončnico zavremo, nato zmanjšamo ogenj in pustimo vreti 15-20 minut, da se okusi prepojijo.
e) Postrezite maroško enolončnico iz čičerike, okrašeno s svežim cilantrom ali peteršiljem.

58. Čičerikine sklede z maroškimi začimbami

SESTAVINE:
- 3 žlice (45 ml) avokada ali ekstra deviškega oljčnega olja, razdeljeno
- ½ srednje velike čebule, narezane na kocke
- 2 stroka česna, nasekljana
- 2 čajni žlički (4 g) harise
- 1 čajna žlička (5 g) paradižnikove paste
- 2 čajni žlički (4 g) mlete kumine
- 1 čajna žlička (2 g) paprike
- ½ čajne žličke mletega cimeta
- Košer sol in sveže mlet črni poper
- 2 skodelici (400 g) čičerike, odcejene
- 1 (14 unč ali 392 g) pločevinka paradižnika, narezanega na kocke
- ¾ skodelice (125 g) bulgurja
- 1½ skodelice (355 ml) vode
- 8 pakiranih skodelic (560 g) naribanega ohrovta
- 2 avokada, olupljena, brez koščic in narezana na tanke rezine
- 4 poširana jajca
- 1 recept za metino jogurtovo omako

NAVODILA:

a) V ponvi na zmernem ognju segrejte 2 žlici (30 ml) olja, dokler ne zablešči. Dodajte čebulo in jo med občasnim mešanjem kuhajte, dokler ni mehka in dišeča, približno 5 minut. Vmešajte česen, harisso, paradižnikovo pasto, kumino, papriko, cimet, sol in poper ter kuhajte 2 minuti. Primešamo čičeriko in paradižnik. Zavremo, nato zmanjšamo ogenj in pustimo vreti 20 minut. Medtem pripravimo bulgur.

b) V srednji ponvi zmešajte bulgur, vodo in velik ščepec soli. Zavremo. Zmanjšajte ogenj na nizko, pokrijte in dušite, dokler se ne zmehča, 10 do 15 minut.

c) Preostalo 1 žlico (15 ml) olja segrejte v ponvi na zmernem ognju, dokler ne zasveti. Dodamo ohrovt in začinimo s soljo. Kuhajte, občasno premešajte, dokler se ne zmehča in oveni, približno 5 minut.

d) Za serviranje razdelite bulgur med sklede. Na vrh položite čičeriko in paradižnik, ohrovt, avokado in jajce. Prelijemo z metino jogurtovo omako.

59. Maroško dušena jagnječja pleča z marelicami

SESTAVINE:
- 3 funte jagnječje pleče brez kosti, narezano na 1½ do 2-palčne kose
- Košer sol in sveže mlet črni poper
- Ekstra deviško olivno olje
- 1 rumena čebula, srednje narezana
- 1 korenček, olupljen in narezan na ½ palca debele kolobarje
- 4 stroki česna, sesekljani
- 1 (1-palčni) kos ingverja, olupljen in nasekljan
- 2 žlici ras el hanout
- 1 (14 do 15 unč) pločevinka paradižnika, narezanega na kocke
- 1 skodelica piščančje juhe
- ½ skodelice vode
- ½ skodelice narezanih suhih marelic ali datljev brez koščic
- Sok ½ limone
- ¼ skodelice blanširanih mandljev, opečenih in grobo narezanih, za okras
- ¼ skodelice celih listov cilantra za okras

NAVODILA:

a) Jagnjetino prepražimo. Pečico segrejte na 325°F. Jagnjetino začinite z 1 žlico soli in 1½ čajne žličke popra. V nizozemski pečici segrejte 1 žlico oljčnega olja na srednje visoki temperaturi, dokler ni vroče. Delajte v serijah in po potrebi dodajte več olja, dodajte jagnjetino v eni plasti. Kuhajte, občasno obrnite, 10 do 15 minut na serijo, dokler dobro ne porjavi z vseh strani. Prestavimo na krožnik.

b) Skuhajte zelenjavo. Iz lonca zavrzite vse maščobe razen 1 jedilne žlice. Dodajte čebulo, korenje, česen in ingver. Kuhajte, občasno premešajte in postrgajte morebitne porjavele koščke (fond) z dna lonca 1 do 2 minuti, dokler se čebula rahlo ne zmehča. Dodajte ras el hanout. Med pogostim mešanjem kuhajte približno 1 minuto, dokler ne zadiši. Vrnite jagnjetino v lonec skupaj z morebitnimi nabranimi sokovi in na kratko premešajte, da se prekrije z začimbami.

c) Dušite jagnjetino. Dodajte paradižnike in njihove sokove ter premešajte, da se združijo. Začinimo s soljo in poprom. Dodajte juho in vodo ter premešajte, da se dobro premešata. Segrevajte, da zavre na srednje visoki temperaturi. Odstranite z ognja in na vrh položite krog pergamentnega papirja. Pokrijte in prenesite v pečico. Dušite približno 1 uro 45 minut, dokler jagnjetina ni zelo mehka.

d) Dokončajte prežganje. Odstranite iz pečice; zavrzite pergamentni krog. Vmešajte marelice in pustite stati 10 do 15 minut, da se marelice napolnijo. Vmešajte limonin sok. Jagnjetino prestavimo v servirni krožnik. Okrasite z mandlji in listi cilantra ter postrezite.

60.Burgerji iz maroške jagnjetine in harise

SESTAVINE:
- 500 g jagnjetine
- 2 žlici harissa paste
- 1 žlica kuminovih semen
- 2 šopka korenja iz dediščine
- 1/2 šopka mete, nabranih listov
- 1 žlica rdečega vinskega kisa
- 80 g rdečega sira Leicester, grobo naribanega
- 4 brioš žemljice s semeni, razrezane
- 1/3 skodelice (65 g) skute

NAVODILA:
a) Pekač obložimo s peki papirjem. Mleto meso dajte v skledo in izdatno začinite. Dodajte 1 žlico harise in s čistimi rokami dobro premešajte.
b) Jagnjetino zmes oblikujemo v 4 polpete in potresemo s kuminimi semeni. Položite na pripravljen pladenj, pokrijte in ohladite, dokler ni potrebno (poleske pred kuhanjem segrejte na sobno temperaturo).
c) Medtem v skledi zmešamo korenček, meto in kis ter odstavimo, da se rahlo okisa.
d) Ponev za žar ali žar segrejte na srednje visoko temperaturo. Polpete pecite na žaru 4-5 minut na vsaki strani ali dokler se ne naredi dobra skorjica. Potresemo s sirom, nato pokrijemo (uporabimo folijo, če uporabljamo ponev za žar) in brez obračanja pečemo še 3 minute ali dokler se sir ne stopi in polpeti niso pečeni.
e) Brioche pecite na žaru, s prerezano stranjo navzdol, 30 sekund ali dokler niso rahlo popečene. Skuto razdelite na dno žemljic, nato pa prelijte mešanico vloženega korenčka.
f) Dodajte polpete in preostalo 1 žlico harise. Odprite pokrove in jih stisnite tako, da harisa steče po straneh, in jih zataknite.

61. Peka z rižem in čičeriko v maroškem slogu

SESTAVINE:

- Sprej za kuhanje z oljčnim oljem
- 1 skodelica dolgozrnatega rjavega riža
- 2 ¼ skodelice piščančje juhe
- 1 (15,5 unč) pločevinka čičerike, odcejene in oprane
- ½ skodelice narezanega korenja
- ½ skodelice zelenega graha
- 1 čajna žlička mlete kumine
- ½ čajne žličke mlete kurkume
- ½ čajne žličke mletega ingverja
- ½ čajne žličke čebule v prahu
- ½ čajne žličke soli
- ¼ čajne žličke mletega cimeta
- ¼ čajne žličke česna v prahu
- ¼ čajne žličke črnega popra
- Svež peteršilj, za okras

NAVODILA:

a) Predgrejte cvrtnik na 380°F. Notranjost enolončnice s prostornino 5 skodelic rahlo premažite z razpršilom za kuhanje z oljčnim oljem. (Oblika enolončnice bo odvisna od velikosti cvrtnika, vendar mora imeti vsaj 5 skodelic.)
b) V enolončnici zmešajte riž, osnovo, čičeriko, korenček, grah, kumino, kurkumo, ingver, čebulo v prahu, sol, cimet, česen v prahu in črni poper. Dobro premešajte, da se poveže.
c) Ohlapno pokrijte z aluminijasto folijo.
d) Pokrito enolončnico postavimo v cvrtnik in pečemo 20 minut. Odstranite iz cvrtnika in dobro premešajte.
e) Odkrito enolončnico postavite nazaj v cvrtnik in pecite še 25 minut.
f) Pred serviranjem prepražimo z žlico in potresemo s svežim sesekljanim peteršiljem.

62. Maroške sklede z lososom in prosom

SESTAVINE:
- ¾ skodelice (130 g) prosa
- 2 skodelici (470 ml) vode
- Košer sol in sveže mlet črni poper
- 3 žlice (45 ml) avokada ali ekstra deviškega oljčnega olja, razdeljeno
- ½ skodelice (75 g) posušenega ribeza
- ¼ skodelice (12 g) drobno sesekljane sveže mete
- ¼ skodelice (12 g) drobno sesekljanega svežega peteršilja
- 3 srednje velike korenčke
- 1½ žlice (9 g) harise
- 1 čajna žlička (6 g) medu
- 1 strok česna, sesekljan
- ½ čajne žličke mlete kumine
- ½ čajne žličke mletega cimeta
- 4 (4 do 6 unč, 115 do 168 g) lososovi fileji
- ½ srednje velike angleške kumare, sesekljane
- 2 pakirani skodelici (40 g) rukole
- 1 recept za metino jogurtovo omako

NAVODILA:
a) Pečico segrejte na 425 °F (220 °C ali plinska oznaka 7).
b) Dodajte proso v veliko, suho ponev in pražite na srednjem ognju do zlato rjave barve, 4 do 5 minut. Dodamo vodo in obilen ščepec soli. Voda bo brizgala, vendar se bo hitro umirila.
c) Zavremo. Zmanjšajte ogenj na nizko, vmešajte 1 žlico (15 ml) olja, pokrijte in kuhajte, dokler se večina vode ne vpije, 15 do 20 minut. Odstavite z ognja in v loncu dušite 5 minut. Ko se ohladi, vmešajte ribez, meto in peteršilj.
d) Medtem olupite in narežite korenje na ½ palca (1,3 cm) debele kolobarje. V srednji skledi zmešajte 1½ žlice (23 ml) olja, harisso, med, česen, sol in poper. Dodajte korenje in premešajte, da se združi.
e) Razporedite v enakomerni plasti na eno stran s pergamentom obloženega pekača. Korenje pražimo 12 minut.
f) V majhni skledi zmešajte preostalo ½ žlice (7 ml) olja, kumino, cimet in ½ čajne žličke soli. S čopičem premažite fileje lososa.
g) Pekač vzamemo iz pečice. Korenje obrnemo, nato pa na drugo stran razporedimo lososa. Pečemo, dokler se losos ne skuha in zlahka razkosmi, 8 do 12 minut, odvisno od debeline.
h) Za serviranje razdelite proso z zelišči v sklede. Na vrh položite file lososa, pečeno korenje, kumaro in rukolo ter pokapljajte z metino jogurtovo omako.

63. Fižolova in mesna enolončnica

SESTAVINE:
- 1 funt puste govedine
- Ali jagnjetina; rezati
- Na srednje velike kose
- Sol in poper
- 1 čajna žlička Ingver
- ½ čajne žličke Kurkuma
- 4 stroka česna; zdrobljen
- 1 velika čebula; drobno sesekljan
- ½ skodelice drobno sesekljanih svežih listov cilantra
- 1½ skodelice vode
- 4 žlice olivnega olja
- 2 skodelici svežega fava fižola
- Ali 19-oz pločevinkah favas; izsušeno
- 5 žlic Limonin sok
- ½ skodelice črnih oliv brez koščic; neobvezno

NAVODILA:

a) V lonec damo meso, sol, poper, ingver, kurkumo, česen, čebulo, koriander (cilantro), vodo in olje; nato pokrijemo in na zmernem ognju kuhamo toliko časa, da se meso zmehča. (90 minut ali več)

b) Dodajte fava fižol in nadaljujte s kuhanjem, dokler se fižol ne zmehča.

c) Vmešajte limonin sok. Preložimo v servirno skledo in okrasimo z olivami.

64. Čili iz maroške jagnjetine

SESTAVINE:
- 2 lbs mlete jagnjetine
- 2 žlici olivnega olja
- 1 velika čebula, sesekljana
- 4 stroki česna, sesekljani
- 2 rdeči papriki, sesekljani
- 1 pločevinka (28 oz) na kocke narezanega paradižnika, neodcejenega
- 2 pločevinki (po 15 oz) čičerike, odcejeni in oplaknjeni
- 2 žlici harissine paste
- 1 žlička mletega cimeta
- 1/2 žličke mletega ingverja
- Sol in poper po okusu

NAVODILA:
a) V velikem loncu na srednje močnem ognju segrejte olivno olje.
b) Dodamo čebulo in česen ter pražimo, dokler čebula ne postekleni.
c) Dodamo mleto jagnjetino in kuhamo, dokler ne porjavi.
d) Dodajte rdečo papriko in nadaljujte s kuhanjem 5 minut.
e) Dodamo na kocke narezan paradižnik, čičeriko, harissa pasto, cimet, ingver, sol in poper.
f) Zavremo, nato zmanjšamo ogenj in pustimo vreti 30 minut.
g) Postrezite vroče in uživajte!

65. Fižolov pire - bissara

SESTAVINE:
- 2 skodelici velikega suhega fava fižola; namočeno čez noč
- In odcejeno
- 3 stroka česna; zdrobljen
- sol; okusiti
- ½ skodelice olivnega olja
- 8 skodelic vode
- 5 žlic limoninega soka
- 2 žlički kumine
- 1 čajna žlička paprike
- ½ čajne žličke čilija v prahu
- ½ skodelice sesekljanega peteršilja

NAVODILA:
a) V lonec dajte fižol, česen, sol, 4 žlice oljčnega olja in vodo; nato kuhajte na srednjem ognju, dokler se fižol ne zmehča.
b) Fižol dajte v kuhinjski robot in obdelajte, dokler ni gladek, nato pa ga vrnite v lonec. Dodamo limonin sok in kumino ter kuhamo 5 minut na majhnem ognju.
c) Z žlico naložimo na servirni krožnik. Preostalo oljčno olje enakomerno prelijemo po vrhu; nato potresemo s papriko in čilijem v prahu.
d) Okrasite s peteršiljem in postrezite.

66.Tagine iz jagnjetine in hrušk

SESTAVINE:

- 2 medija Čebula; olupljen in narezan
- 1 žlica olivnega olja; svetloba
- 6 unč jagnjetina; narezan na kocke, obrezan
- 1 žlica madeire
- ½ čajne žličke Mleta kumina
- ½ čajne žličke Mleti koriander
- ½ čajne žličke Nariban ingverjev koren
- ¼ čajne žličke Mleti cimet; ali več po želji
- ½ čajne žličke mletega črnega popra
- 1½ skodelice hladne vode; ali pokriti
- 1 čajna žlička medu
- 1 velika Bosc hruška; stržen in razrezan, nato narezan na 1/2"-kose (olupek ostane)
- ¼ skodelice zlatih rozin brez semen ALI sultanin
- 2 žlici   Narezani mandlji; popečen
- Sol in poper; okusiti
- 1½ skodelice kuhanega riža; zmešan z
- 1 čajna žlička sesekljane sveže bazilike
- 1⅓ skodelice narezanega korenja; na pari

NAVODILA:

a) V veliki ponvi na oljčnem olju rahlo prepražimo čebulo, da postane mehka in sladka (20 minut). V ponev dodamo meso in ga kuhamo toliko časa, da spremeni barvo. Dodajte začimbe; mešajte, dokler se ne segreje in posuši. Prilijemo vino in na hitro pokurimo. Nato dodajte hladno vodo iz pipe, da le pokrije meso. Pokrijte in rahlo dušite, dokler se meso ne zmehča, približno 45 minut.

b) Odkriti. Hruške dodamo mesu skupaj s sultankami in mandlji (na kratko segreti v suhi ponvi). Dušimo še 10 do 15 minut oziroma toliko časa, da se hruške zmehčajo, a ne premehke. Okusite ter prilagodite sol in poper.

c) Če je omaka preredka, jo zgostimo z maranto ali krompirjevim škrobom. Postrezite na rižu s korenčkom ob strani.

67.Juha iz marakeškega riža in leče

SESTAVINE:
- ¼ skodelice leče; čez noč namočeno v
- 7 skodelic vode
- 2 žlici Olivno olje
- ½ skodelice Drobno sesekljani listi svežega cilantra
- 1 čajna žlička paprika
- ½ skodelice riža; splaknjen
- Sol in poper
- ½ čajne žličke kumine
- 1 kos čilija v prahu
- 2 žlici Moka; raztopljen v
- ½ skodelice vode
- ¼ skodelice limoninega soka

NAVODILA:
a) Leča ne zahteva namakanja; običajno jih pred uporabo sortiramo in operemo. Če so namočene, lahko čas kuhanja skrajšamo za polovico.
b) V ponev dajte lečo in vodo za namakanje, olivno olje, liste koriandra in papriko. Na močnem ognju zavrite.
c) Pokrijte in kuhajte na srednjem ognju 25 minut; nato dodajte preostale sestavine razen mešanice moke in limoninega soka ter kuhajte nadaljnjih 20 minut oziroma dokler riževa zrna niso mehka, a še vedno cela.
d) Odstavite z ognja in počasi vmešajte zmes iz moke in limonin sok.
e) Vrnite na ogenj in zavrite. Postrezite takoj.

68.Gosta juha iz čičerike in mesa / hareera

SESTAVINE:
- ¼ funtov čičerika; namočeno čez noč
- ½ skodelice masla
- 2 skodelici sesekljane čebule; razdeljen
- Sol in poper
- ½ funta Jagnječje ali goveje kosti
- 1 ščepec cimeta
- 1 ščepec žafrana
- 3 litre vode
- ½ skodelice drobno sesekljanih svežih listov cilantra
- 2 skodelici paradižnikovega soka
- 1 skodelica riža; splaknjen
- 3 žlice Moka
- ½ skodelice drobno sesekljanega svežega peteršilja
- ¼ skodelice limoninega soka; neobvezno

NAVODILA:
a) Čičeriko razrežemo in odstranimo lupine. Dati na stran.
b) V ponvi stopite maslo, nato dodajte 1 skodelico čebule, sol in poper. Pražite na srednjem ognju, dokler čebula ne postane svetlo rjava.
c) Meso odrežemo s kosti in ga narežemo na kocke. Na kocke narezano meso in kosti stresemo v ponev in pražimo še toliko časa, da meso postane svetlo rjavo. Dodajte preostalo skodelico čebule, čičeriko, cimet, žafran in 1 liter vode ter kuhajte, dokler čičerika ni kuhana. Vmešajte 1 žlico koriandrovih listov in kuhajte še 5 minut. Dati na stran.
d) V drugem loncu 5 minut zavrite preostala dva litra vode, paradižnikov sok, sol in poper. Dodajte riž in ponovno zavrite; nato zmanjšajte ogenj in kuhajte, dokler riž ni gotov.
e) Moko zmešajte s 3 žlicami hladne vode, da nastane redka pasta. Pasto počasi vmešajte v mešanico riža. Dodamo preostanek koriandra in peteršilja. Kuhajte še 5 minut. Mešanico mesa in riža združite in postrezite.

69. Maroška skleda iz kvinoje

SESTAVINE:
- 1 skodelica kuhane kvinoje
- 1 skodelica češnjevih paradižnikov, prepolovljena
- 1 kumara, narezana na kocke
- ½ skodelice čičerike, odcejene in oprane
- ¼ skodelice oliv Kalamata, narezanih

NAVODILA:
a) V skledi zmešajte kuhano kvinojo, češnjeve paradižnike, kumare, čičeriko in olive Kalamata.
b) Sestavine zmešajte skupaj.
c) Okrasite s svežim peteršiljem.
d) Postrezite pri sobni temperaturi ali ohlajeno.

70. Piščanec Marsala

SESTAVINE:
- ¼ skodelice moke
- Sol in poper po okusu
- 4 piščančje prsi brez kosti, pretlačene
- ¼ skodelice masla
- 1 skodelica marsale

NAVODILA:
a) V skledi za mešanje zmešajte moko, sol in poper.
b) Pretlačene piščančje prsi potopite v mešanico moke.
c) V veliki ponvi stopite maslo.
d) Izdolbene piščančje prsi pečemo 4 minute na vsaki strani.
e) V isto ponev dodajte marsalo in piščanca kuhajte še dodatnih 10 minut na majhnem ognju.
f) Kuhanega piščanca prestavimo na servirni krožnik.

71. Maroški zelenjavni zavitek

SESTAVINE:
- 1 polnozrnat zavitek ali kruh
- 2 žlici humusa
- ½ skodelice mešane zelene solate
- ¼ skodelice kumare, narezane na tanke rezine
- ¼ skodelice češnjevih paradižnikov, prepolovljenih

NAVODILA:
a) Humus enakomerno razporedite po polnozrnatem zavitku.
b) Po plasteh zložite mešano zeleno solato, kumare in češnjeve paradižnike.
c) Zavitek tesno zvijemo in prerežemo na pol.

72. Česen Cheddar piščanec

SESTAVINE:
- ¼ skodelice masla
- ½ skodelice naribanega parmezana
- ½ skodelice Panko drobtin
- 1 ¼ skodelice ostrega cheddar sira
- 8 piščančjih prsi

NAVODILA:
a) Pečico segrejte na 350 stopinj Fahrenheita.
b) V ponvi raztopite maslo in na njem 5 minut pražite sesekljan česen.
c) V veliki skledi za mešanje zmešajte parmezan, Panko drobtine, sir cheddar, italijanske začimbe, sol in poper.
d) Vsako piščančjo prso pomočimo v stopljeno maslo in nato premažemo z mešanico krušnih drobtin.
e) Vsako obloženo piščančje prsi položite v pekač.
f) Po vrhu pokapajte preostalo maslo.
g) Pečico segrejte na 350°F in pecite 30 minut.
h) Za dodatno hrustljavost postavite pod brojlerje za 2 minuti.

73. Kozica s pesto smetanovo omako

SESTAVINE:
- 1 paket linguine testenin
- 1 žlica oljčnega olja
- 1 skodelica narezanih gob
- ½ skodelice težke smetane
- 1 skodelica pesta

NAVODILA:

a) Testenine skuhamo po navodilih na embalaži, nato jih odcedimo.

b) V ponvi segrejemo olivno olje in na njem 5 minut pražimo narezane gobe.

c) Vmešajte smetano, začinite s soljo, poprom in kajenskim poprom ter pustite vreti 5 minut.

d) Dodajte nariban sir Pecorino Romano in mešajte, dokler se ne stopi.

e) Vmešajte pesto in kuhane kozice, nato pa kuhajte še dodatnih 5 minut.

f) Kuhane testenine premažemo z omako.

74. Španski Ratatouille

SESTAVINE:
- 1 srednje velika čebula (narezana ali sesekljana)
- 1 strok česna
- 1 bučka (narezana)
- 1 konzerva paradižnika (nasekljan)
- 3 žlice oljčnega olja

NAVODILA:
a) V ponev vlijemo olivno olje.
b) Vmešajte čebulo. Pustite 4 minute cvrtja na srednjem ognju.
c) Vanj stresemo česen in pražimo še 2 minuti.
d) V ponev dodamo narezane bučke in paradižnik. Po okusu začinimo s soljo in poprom.
e) Kuhajte 30 minut ali dokler ni pripravljeno.
f) Po želji okrasite s svežim peteršiljem.
g) Postrezite z rižem ali toastom kot prilogo.

75.Kozice s koromačem

SESTAVINE:
- 2 stroka česna (narezanega)
- 2 žlici olivnega olja
- 1 čebulica koromača
- 600 g češnjevih paradižnikov
- 15 velikih kozic, olupljenih

NAVODILA:
a) V veliki kozici segrejte olje. Narezan česen prepražimo do zlato rjave barve.
b) V ponev dodamo koromač in kuhamo 10 minut na majhnem ognju.
c) V veliki skledi za mešanje zmešajte paradižnik, sol, poper, manzanilla šeri in belo vino. Pustite vreti 7 minut, da se omaka zgosti.
d) Nanj položimo olupljene kozice in jih kuhamo 5 minut oziroma dokler kozice ne porjavijo.
e) Okrasite z listi peteršilja.
f) Postrezite s prilogo kruha.

76.Pečen maroški losos

SESTAVINE:
- 4 fileje lososa
- 2 žlici oljčnega olja
- 2 žlici limoninega soka
- 2 stroka česna, nasekljana
- 1 čajna žlička posušenega origana

NAVODILA:
a) Pečico segrejte na 400°F (200°C).
b) V majhni skledi zmešajte olivno olje, limonin sok, sesekljan česen, posušen origano, sol in poper.
c) Lososove fileje položite na pekač, obložen s pergamentnim papirjem.
d) Lososa premažite z mešanico oljčnega olja.
e) Pečemo v ogreti pečici 20-25 minut oziroma dokler losos ni pečen.
f) Pečenega maroškega lososa postrezite na posteljici iz vaših najljubših zrn ali poleg sveže solate.

77.Juha iz belega fižola

SESTAVINE:
- 1 sesekljano čebulo
- 2 žlici olivnega olja
- 2 narezani stebli zelene
- 3 mleti stroki česna
- 4 skodelice konzerviranega fižola cannellini

NAVODILA:
a)   V veliki ponvi segrejemo olje.
b)   Zeleno in čebulo kuhamo približno 5 minut.
c)   Dodamo sesekljan česen in premešamo, da se združi. Kuhajte še 30 sekund.
d)   Vanj stresite kanelini iz pločevinke, 2 skodelici piščančje juhe, rožmarin, sol in poper ter brokoli.
e)   Tekočino zavrite in nato 20 minut zmanjšajte temperaturo.
f)   Juho zmešajte s paličnim mešalnikom, dokler ne doseže želene gladkosti.
g)   Zmanjšajte ogenj na nizko in potresite tartufovo olje.
h)   Juho nadevamo v krožnike in postrežemo.

78. S kozica gambas

SESTAVINE:
- 1/2 skodelice olivnega olja
- Sok 1 limone
- 2 žlički morske soli
- 24 srednje velikih kozic v oklepu z nedotaknjenimi glavami

NAVODILA:
a) V skledi za mešanje zmešajte olivno olje, limonin sok in sol ter mešajte, dokler se temeljito ne premeša. Če želite kozice rahlo prekriti, jih za nekaj sekund potopite v mešanico.
b) V suhi ponvi na močnem ognju segrejemo olje. Če delate v serijah, dodajte kozico v eni plasti, ne da bi pregneteli ponev, ko je zelo vroča. 1 minuta praženja
c) Zmanjšajte toploto na srednje in kuhajte še eno minuto. Ogenj povečajte na visoko in kozico pražite še 2 minuti ali dokler ne porjavi.
d) Kozico hranimo na toplem v nizki pečici na neprepustnem krožniku.
e) Na enak način skuhamo preostale kozice.

79. Piščanec z limoninimi zelišči na žaru

SESTAVINE:
- 4 piščančje prsi brez kosti in kože
- 2 limoni
- 2 žlici oljčnega olja
- 2 žlički posušenega origana
- Sol in poper po okusu

NAVODILA:
a) Žar segrejte na srednje visoko temperaturo.
b) V skledi zmešamo sok ene limone, olivno olje, posušen origano, sol in poper.
c) Piščančje prsi položite v plastično vrečko, ki jo je mogoče zapreti, in jih prelijte z marinado. Vrečko zaprite in pustite, da se marinira vsaj 30 minut.
d) Piščanca pecite na žaru približno 6-8 minut na vsako stran ali dokler ni popolnoma kuhan.
e) Pred serviranjem pečenega piščanca na žaru pokapamo s sokom preostale limone.

80. Testenine s paradižnikom in baziliko

SESTAVINE:
- 8 oz polnozrnati špageti
- 2 skodelici češnjevih paradižnikov, prepolovljenih
- 1/4 skodelice sveže bazilike, sesekljane
- 2 žlici ekstra deviškega oljčnega olja
- 2 stroka česna, nasekljana

NAVODILA:
a) Špagete skuhajte po navodilih na embalaži.
b) V veliki skledi zmešajte češnjeve paradižnike, svežo baziliko, olivno olje in sesekljan česen.
c) Kuhane špagete stresite v skledo in jih dobro premešajte.
d) Postrezite takoj, po želji okrasite s svežo baziliko.

81. Pečen losos z maroško salso

SESTAVINE:
- 4 fileje lososa
- 1 skodelica češnjevih paradižnikov, narezanih na kocke
- 1/2 kumare, narezane na kocke
- 1/4 skodelice oliv Kalamata, narezanih
- 2 žlici ekstra deviškega oljčnega olja
- 1 žlica svežega limoninega soka

NAVODILA:
a) Pečico segrejte na 400°F (200°C).
b) Lososove fileje položite na pekač, obložen s pergamentnim papirjem.
c) V skledi zmešajte na kocke narezane češnjeve paradižnike, kumare, olive, oljčno olje in limonin sok, da naredite salso.
d) Na lososove fileje z žlico premešajte salso.
e) Pečemo 15-20 minut oziroma dokler losos ni pečen.

82. Enolončnica iz čičerike in špinače

SESTAVINE:
- 2 pločevinki (po 15 oz) čičerike, odcejeni in oplaknjeni
- 1 čebula, sesekljana
- 3 stroki česna, sesekljani
- 1 pločevinka (14 oz) na kocke narezanega paradižnika
- 4 skodelice sveže špinače
- Sol in poper po okusu

NAVODILA:
a) V velikem loncu prepražimo sesekljano čebulo in česen, dokler se ne zmehčata.
b) Dodamo čičeriko in na kocke narezan paradižnik s sokom. Dobro premešamo.
c) Kuhajte 15-20 minut, da se okusi prepojijo.
d) Dodamo svežo špinačo in kuhamo, dokler ne oveni.
e) Pred serviranjem po okusu začinite s soljo in poprom.

83. Nabodala s kozicami iz limone in česna

SESTAVINE:
- 1 funt velika kozica, olupljena in razrezana
- 3 žlice oljčnega olja
- 3 stroki česna, sesekljani
- Lupina 1 limone
- 2 žlici svežega peteršilja, sesekljanega

NAVODILA:
a) Segrejte žar ali žar ponev.
b) V skledi zmešamo olivno olje, sesekljan česen, limonino lupinico in sesekljan peteršilj.
c) Na nabodala nataknite kozice in jih premažite z mešanico limone in česna.
d) Nabodala s kozicami pecite 2-3 minute na vsako stran ali dokler ne postanejo neprozorna.
e) Postrezite z dodatnimi rezinami limone.

84.Skleda za solato iz kvinoje

SESTAVINE:
- 1 skodelica kuhane kvinoje
- 1 kumara, narezana na kocke
- 1 skodelica češnjevih paradižnikov, prepolovljena
- 1/2 skodelice feta sira, zdrobljenega
- 2 žlici rdečega vinskega kisa

NAVODILA:
a) V skledi zmešajte kuhano kvinojo, kumare, češnjeve paradižnike in feta sir.
b) Prelijemo z rdečim vinskim kisom in premešamo.
c) Postrezite kot osvežilno kvinojino solatno skledo.

85. Enolončnica iz jajčevcev in čičerike

SESTAVINE:
- 1 velik jajčevec, narezan na kocke
- 1 pločevinka (15 oz) čičerike, odcejene in oprane
- 1 pločevinka (14 oz) na kocke narezanega paradižnika
- 1 čebula, sesekljana
- 2 žlici oljčnega olja

NAVODILA:
a) V večjem loncu na oljčnem olju prepražimo sesekljano čebulo, dokler se ne zmehča.
b) Dodamo na kocke narezan jajčevec, čičeriko in na kocke narezan paradižnik s sokom.
c) Dušite 20-25 minut oziroma dokler se jajčevci ne zmehčajo.
d) Pred serviranjem po okusu začinite s soljo in poprom.

86. Pečena trska z limoninimi zelišči

SESTAVINE:
- 4 fileji trske
- Sok 2 limon
- 3 žlice oljčnega olja
- 2 žlički posušenega timijana
- Sol in poper po okusu

NAVODILA:
a)   Pečico segrejte na 400°F (200°C).
b)   Fileje polenovke položimo v pekač.
c)   V skledi zmešamo limonin sok, olivno olje, posušen timijan, sol in poper.
d)   Z mešanico prelijemo fileje polenovke.
e)   Pečemo 15-20 minut oziroma dokler se polenovka enostavno ne razkosmi z vilicami.

87. Maroška solata iz leče

SESTAVINE:
- 1 skodelica kuhane leče
- 1 kumara, narezana na kocke
- 1 skodelica češnjevih paradižnikov, prepolovljena
- 1/4 skodelice rdeče čebule, drobno sesekljane
- 2 žlici balzamičnega vinaigrette

NAVODILA:

a) V veliki skledi zmešajte kuhano lečo, narezano kumaro, češnjeve paradižnike in sesekljano rdečo čebulo.

b) Prelijemo z balzamičnim vinaigretom in premešamo.

c) Postrezite kot izdatno solato iz leče.

88. Polnjene paprike s špinačo in feto

SESTAVINE:
- 4 paprike, prepolovite in jim odstranite semena
- 2 skodelici sveže narezane špinače
- 1 skodelica feta sira, zdrobljenega
- 1 pločevinka (14 oz) na kocke narezanega paradižnika, odcejenega
- 2 žlici oljčnega olja

NAVODILA:
a) Pečico segrejte na 375 °F (190 °C).
b) V skledi zmešamo narezano špinačo, feta sir, na kocke narezan paradižnik in olivno olje.
c) Vsako polovico paprike nadevajte z mešanico špinače in fete.
d) Pečemo 25-30 minut oziroma dokler se paprika ne zmehča.

89. Solata s kozicami in avokadom

SESTAVINE:
- 1 funt kozic, olupljenih in razrezanih
- 2 avokada, narezana na kocke
- 1 skodelica češnjevih paradižnikov, prepolovljena
- 2 žlici svežega cilantra, sesekljanega
- Sok 1 limete

NAVODILA:
a) Kozice kuhajte v ponvi, dokler niso rožnate in neprozorne.
b) V skledi zmešajte kuhane kozice, na kocke narezan avokado, češnjeve paradižnike in sesekljan koriander.
c) Pokapajte z limetinim sokom in nežno premešajte, da se združi.
d) Postrezite kot osvežilno solato s kozicami in avokadom.

90. Italijanska pečena piščančja bedra

SESTAVINE:
- 4 piščančja stegna, s kostmi, s kožo
- 1 pločevinka (14 oz) na kocke narezanega paradižnika, neodcejenega
- 2 žlici oljčnega olja
- 2 žlički italijanske začimbe
- Sol in poper po okusu

NAVODILA:
a) Pečico segrejte na 375 °F (190 °C).
b) Piščančja bedra položimo v pekač.
c) V skledi zmešamo na kocke narezan paradižnik, olivno olje, italijanske začimbe, sol in poper.
d) Paradižnikovo mešanico prelijemo čez piščančja bedra.
e) Pečemo 35-40 minut oziroma dokler piščanec ne doseže notranje temperature 165°F (74°C).

91. S kvinojo polnjene paprike

SESTAVINE:
- 4 paprike, prepolovite in jim odstranite semena
- 1 skodelica kuhane kvinoje
- 1 pločevinka (15 oz) črnega fižola, odcejenega in opranega
- 1 skodelica koruznih zrn (sveža ali zamrznjena)
- 1 skodelica salse

NAVODILA:
a) Pečico segrejte na 375 °F (190 °C).
b) V skledi zmešajte kuhano kvinojo, črni fižol, koruzo in salso.
c) V vsako polovico paprike z žlico dajte mešanico kvinoje.
d) Pečemo 25-30 minut oziroma dokler se paprika ne zmehča.

SLADICA

92. Maroška torta s pomarančami in kardamomom

SESTAVINE:
- 2 pomaranči, očiščeni
- Semena 6 zelenih strokov kardamoma, zdrobljena
- 6 velikih jajc
- 200 g pakiranja mletih mandljev
- 50g polente
- 25 g samovzhajalne moke
- 2 žlički pecilnega praška
- 1 žlica naribanih mandljev
- Grški jogurt ali smetana za serviranje

NAVODILA:
a) Cele pomaranče damo v ponev, zalijemo z vodo in kuhamo 1 uro, dokler jih nož zlahka ne prebode. Po potrebi postavite majhen pokrov ponve neposredno na vrh, da ostanejo potopljeni.
b) Odstranite pomaranče, jih ohladite, nato razpolovite in jim odstranite pečke in peščice. Z ročnim mešalnikom ali kuhinjskim robotom stepite v grob pire, nato pa ga dajte v veliko skledo.
c) Pečico segrejte na 160C/140C ventilator/plin 3.
d) Dno in stranice 21 cm pekača z ohlapnim dnom obložite s peki papirjem.
e) V pomarančni pire stepemo kardamom in jajca.
f) Mlete mandlje zmešamo s polento, moko in pecilnim praškom, nato pa jih vmešamo v pomarančno zmes, da se dobro premešajo.
g) Zmes nastrgamo v model, poravnamo vrh in pečemo 40 minut.
h) Po 40 minutah po torti raztresite mandlje v kosmičih, vrnite v pečico in pecite dodatnih 20-25 minut, dokler nabodalo, vstavljeno v sredino, ne pride ven čisto.
i) Odstranite iz modela in pustite, da se ohladi.
j) Postrezite narezano kot torto ali z grškim jogurtom ali smetano kot sladico.

93. Maroški pomarančni sorbet

SESTAVINE:
- 4 skodelice svežega pomarančnega soka
- ½ skodelice medu
- Lupina 1 pomaranče
- 1 žlica limoninega soka

NAVODILA:
a) V skledi zmešajte svež pomarančni sok, med, pomarančno lupinico in limonin sok. Mešajte, dokler se med ne raztopi.
b) Zmes vlijemo v aparat za sladoled in stepamo po navodilih proizvajalca.
c) Ko je sorbet stepten, ga prenesite v posodo s pokrovom in zamrznite za vsaj 2 uri, preden ga postrežete.
d) Zajemite in uživajte!

94.Torta z marelicami in mandlji

SESTAVINE:
- 1 list listnatega testa, odmrznjen
- ½ skodelice mandljeve moke
- ¼ skodelice medu
- 1 čajna žlička mandljevega ekstrakta
- 1 skodelica svežih marelic, narezanih

NAVODILA:

a) Pečico segrejte na 375 °F (190 °C). Listnato testo razvaljamo na pekač.
b) V skledi zmešajte mandljevo moko, med in mandljev izvleček.
c) Mandljevo mešanico razporedite po listnatem testu.
d) Po vrhu razporedimo narezane marelice.
e) Pecite 20-25 minut oziroma dokler pecivo ni zlato rjavo.
f) Pustite, da se tart ohladi, preden ga narežete.

95.Maroške pečene breskve

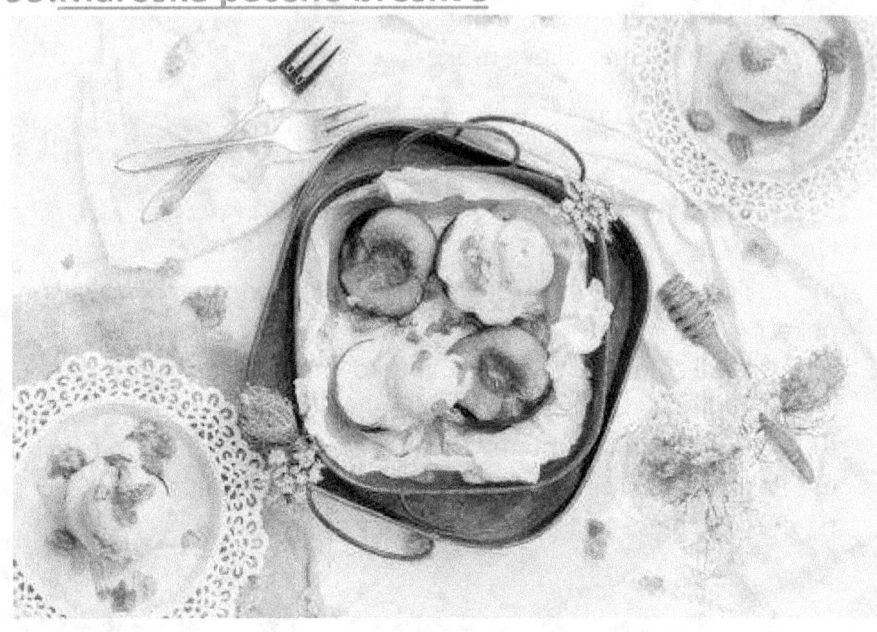

SESTAVINE:
- 4 zrele breskve, razpolovljene in izkoščičene
- 2 žlici medu
- ¼ skodelice sesekljanih orehov ali mandljev
- 1 čajna žlička mletega cimeta
- 1 žlica ekstra deviškega oljčnega olja

NAVODILA:
a) Pečico segrejte na 375 °F (190 °C).
b) Polovice breskev s prerezano stranjo navzgor položimo v pekač.
c) Vsako polovico breskve pokapljajte z medom.
d) Po breskvah enakomerno potresemo sesekljane orehe.
e) Breskve potresemo z mletim cimetom.
f) Po vrhu pokapajte ekstra deviško oljčno olje.
g) Pečemo v ogreti pečici 20-25 minut oziroma dokler se breskve ne zmehčajo.
h) Odstranite iz pečice in pustite, da se nekoliko ohladijo, preden jih postrežete.

96.Piškoti z olivnim oljem in limono

SESTAVINE:
- 2 skodelici mandljeve moke
- ¼ skodelice olivnega olja
- ¼ skodelice medu
- Lupina 1 limone
- ½ čajne žličke sode bikarbone

NAVODILA:

a) Pečico segrejte na 350°F (180°C). Pekač obložite s peki papirjem.

b) V skledi zmešajte mandljevo moko, olivno olje, med, limonino lupinico in sodo bikarbono, dokler ne nastane testo.

c) Zajemajte dele testa v velikosti žlice in jih razvaljajte v kroglice. Postavite na pripravljen pekač.

d) Vsako kroglico sploščite z vilicami in ustvarite križni vzorec.

e) Pečemo 10-12 minut oziroma dokler robovi niso zlato rjavi.

f) Pustite, da se piškoti ohladijo, preden jih postrežete.

97.Maroška sadna solata

SESTAVINE:
- 2 skodelici mešanega jagodičevja (jagode, borovnice, maline)
- 1 skodelica narezane lubenice
- 1 skodelica narezanega ananasa
- 1 žlica sveže mete, sesekljane
- 1 žlica medu

NAVODILA:
a) V veliki skledi zmešajte mešane jagode, lubenico in ananas.
b) Po sadju potresemo sesekljano meto.
c) Solato pokapljajte z medom in nežno premešajte.
d) Pred serviranjem hladite vsaj 30 minut.

98. maroški Medeni puding

SESTAVINE:
- ½ skodelice kuskusa
- 1 ½ skodelice mandljevega mleka (ali katerega koli mleka po vaši izbiri)
- 3 žlice medu
- ½ čajne žličke mletega cimeta
- ¼ skodelice sesekljanih suhih fig

NAVODILA:
a) V ponvi pristavimo mandljevo mleko na rahlo vreti.
b) Primešamo kuskus, pokrijemo in na majhnem ognju dušimo približno 10 minut oziroma dokler se kuskus ne zmehča.
c) Vmešajte med in mleti cimet. Kuhajte še 2-3 minute.
d) Odstavite ponev z ognja in pustite, da se nekoliko ohladi.
e) Vmešamo sesekljane suhe fige.
f) Puding porazdelite po servirnih posodicah.
g) Postrezite toplo ali ohlajeno.

99.Mandljeva in pomarančna torta brez moke

SESTAVINE:
- 1 skodelica mandljeve moke
- ¾ skodelice sladkorja
- 3 velika jajca
- Lupina 1 pomaranče
- ¼ skodelice svežega pomarančnega soka

NAVODILA:

a) Pečico segrejte na 350°F (180°C). Namastimo in obložimo pekač za torto.
b) V skledi zmešajte mandljevo moko, sladkor, jajca, pomarančno lupinico in svež pomarančni sok do gladkega.
c) Testo vlijemo v pripravljen pekač.
d) Pecite 25-30 minut oziroma dokler zobotrebec, ki ga zapičite v sredino, ne izstopi čist.
e) Pustite, da se torta ohladi, preden jo narežete.

100.Torta iz pomaranč in olivnega olja

SESTAVINE:
- 2 skodelici mandljeve moke
- 1 skodelica sladkorja
- 4 velika jajca
- ½ skodelice ekstra deviškega oljčnega olja
- Lupina 2 pomaranč

NAVODILA:
a) Pečico segrejte na 350°F (180°C). Pekač namastimo in pomokamo.
b) V veliki skledi zmešajte mandljevo moko, sladkor, jajca, olivno olje in pomarančno lupinico, dokler se dobro ne združijo.
c) Testo vlijemo v pripravljen pekač in pečemo 30-35 minut ali dokler zobotrebec, ki ga zapičimo v sredino, ne izstopi čist.
d) Pustite, da se torta ohladi, nato pa jo pred serviranjem potresite s sladkorjem v prahu.

ZAKLJUČEK

Ko zaključujemo naše okusno popotovanje po "Najboljša maroška kuharska knjiga" upamo, da ste izkusili veselje raziskovanja brezčasnega in očarljivega sveta maroške kuhinje. Vsak recept na teh straneh je praznovanje svežine, začimb in gostoljubja, ki opredeljujejo maroške jedi – dokaz bogate tapiserije okusov, zaradi katerih je kuhinja tako ljubljena.

Ne glede na to, ali ste okusili kompleksnost klasičnega tagina, sprejeli dišavo maroškega kuskusa ali se prepustili sladkosti izvirnega peciva, verjamemo, da so ti recepti vzbudili vaše navdušenje nad maroško kuhinjo. Poleg sestavin in tehnik naj koncept raziskovanja hrane brezčasnega kuharja postane vir povezovanja, praznovanja in spoštovanja kulinarične tradicije, ki združuje ljudi.

Ko nadaljujete z raziskovanjem sveta maroške kuhinje, naj bo "Najboljša maroška kuharska knjiga" vaš zaupanja vreden spremljevalec, ki vas bo vodil skozi različne jedi, ki ujamejo bistvo Maroka. Tukaj je, da uživate v drznih in aromatičnih okusih, delite obroke z najdražjimi in sprejmete toplino in gostoljubnost, ki opredeljujeta maroško kuhinjo. B'saha!

www.ingramcontent.com/pod-product-compliance
Lightning Source LLC
Chambersburg PA
CBHW071855110526
44591CB00011B/1421